포스트-영문학

오래된 미래의 길을 찾아

텍스트 역량 훈련으로 전환
융복합 포스트-인문학의 전망

김명주 지음

Toward the Textual Competency
and the Post-Humanities
to Make English Studies More Useful
in the Craze and Crisis of Humanities

신아사

이 책은 2019년 충남대학교 재직교수연구비로 연구되었음.

서 문

효율은 중력이다. 이 지구에 사는 한 잠시도 벗어날 수 없는 중력처럼 효율은 모든 선택의 기준이다. 값싼 수입 농산물 대신 내 몸과 지구 몸에 좋은 유기농 농산물을 선택하십사 제아무리 권장해도, 생존이 빠듯한 사람들에게 값비싼 유기농 농산물은 언감생심이다. 대개의 경우 가격이 효율이다. 수 천만리 타지 농산물을 수입하려면 보존을 위한 방부제 남용, 장거리 운임 비용, 생산 현지의 착취 여부를 고려하지 않을 수 없다. 그럼에도 불구하고 대다수 우리는 당장 저렴한 가격 상품을 선택한다. 특히 저소득층이라면 환경 정의를 생각할 겨를이 없다. 가격이 효율이다.

가격이 효율인 만큼이나 편리함도 효율이다. 종이책이 제아무리 좋다 해도 종이 세대의 이점은 인쇄물 구세대에게만 해당된다. 인쇄물 구세대의 끝물이 어기적거리는 동안 새로운 세대는 핸드폰 넷플릭스와 웹툰으로 옮겨간다. 구세대에겐 종이책이 효율적이지만, 젊은이들에겐 영상 매체가 효율적이다. 세대마다 매체의 효율성은 다르게 체감되니 세대의 교체에 따라 매체의 교체도 불가피하다. 불편을 감수하라고 강요할 수 없다. 불편을 감수하고 종이를 선호해달라고 요구 내지 강요해 봐야 아무 소용이 없다. 변화는 저항의 대상이 아니다. 변화는 수용되어야 한다. 과거의 편의는 새로운 편의와 계속적으로 타협해 나갈 수밖에 없다.

가격과 편리함이 효율일 뿐만 아니라, 효율은 모든 생명체가 변화하는 향방을 결정하는 패러미터다. 효율이란 한정된 에너지와 자원을 가지고 성능의 극대화를 추구하는 것이다. 인간과 지구 생명체는 언제나 궁극적으로는 효율성을 극대화하는 방향으로 진화해왔다. 생물학적 진화와 문화적 진화 모두 환경 적응의 필요에 따라 불필요 시 도태되거나, 필요시엔 효율성 증가를 가속화했다. 공중에서 먹이를 발견하고 이를 낚아채야 하는 매는 눈과 발톱이 정교하게 발달했다. 빛이 없는 동굴에 살게 된 물고기는 눈을 퇴화시켜버렸다. 눈보다는 다른 감각을 발달시키는 것이 더욱 효율적이었기 때문이다. 필요는 창발적 발전을 추동했고 발전의 방향은 언제나 효율성의 증가였다. 흔히 진화에는 방향이 없다지만 결과적으로 놓고 보면 효율성이 높은 것들만이 살아 남았다. 그렇게 보면 생물이든 문화든, 진화의 방향은 언제나 효율성의 극대화였고, 효율성을 극대화하기 위해 다양성과 복잡성이 증가했다. 그래서 효율성 대신 비효율성을 선택하라는 요청, 즉 비싸도 유기농 제품을 사야 한다든가, 불편해도 종이책을 봐야 한다는 권유는 소수의 사람들을 설득할 수는 있지만 대다수를 설득하기엔 역부족이다.

물론 효율만이 능사는 아니다. 세상이 궁극적으로 효율을 증가시키는 방향으로 흘러가더라도, 늙고 힘이 없어 효율성이 떨어지는 노인이나 약자들을 홀대해야 한다는 뜻은 아니다. 현실에 대한 기술(description)이 반드시 규범이 되어야 한다는 뜻은 아니다. 변화에 적응하는 일은 많은 에너지를 필요로 한다. 에너지가 부족하면 효율성이 떨어지고 변화에 대한 적응은 더딜 수밖에 없다. 변화 적응에 더딘 사람들에 대해서는 따로 사회와 국가의 보호가 필요하다. 그러나 어쨌거나 사회는 변화에 적응하는 사람들이 주도권을 잡고 효율을 증가하는 방향으로 굴러가게 된다. 그것이 현실이 작동하는 방식이다.

세상은 돌고 돈다지만 복고의 유행은 언제나 잠시다. 가끔 새로운 사회에 신물을 느끼는 사람들이 귀농하거나 원시적 자급자족 공동체를 선택할 수도 있다. 미국 펜실베니아주 아미시파 공동체처럼 현대 문명을 거부하고 농축업으로 소박하게 살아갈 수도 있다. 하지만 인류 전체가 그런 선택을 하지는 않을 것이다. 소수의 학생들은 여전히 문학을 좋아하겠지만 다수의 젊은 세대는 그렇지 않다. 문자보다 영상을 선호하고, 책보다 컴퓨터와 핸드폰을 좋아하고, 소설보다 웹툰을 좋아하는 새로운 세대가 영미 문학을 전공으로 선택할 가능성은 매우 희박해졌다. 현실을 인정하자. 해법은 정직한 현실 인식에서 출발한다.

영미 문학 공부가 '의미'를 숙고하고 '지성'을 연마하는 쓸모 있는 학문이라고 제아무리 강변해도 이에 설득당하는 사람들의 숫자는 현저히 감소했다. 경제가 아주 좋아져서 모든 사람들이 노동과 여가의 균형이 딱 들어 맞는 유토피아가 도래한다면 모를까 영미 문학을 포함한 인문학은 대다수의 외면을 받고 있다. 리처드 오만(Richard Ohmann)이 지적하듯이 오래 전부터 문학 공부는 먹고 살 만한 사람들이 미적인 우아함을 추구하는 여가 활동이었다. 생업 때문에 시간도 여력도 빠듯한 사람들에게 인문학 독서는 사치다. 요즘은 모두가 바쁘다. 한병철의 말대로 성과를 위해 자기 착취에 골몰하는 영락없는 "피로사회"다. 그런 "피로사회"에서 문학이라니, 문학은 그 소비와 생산의 유익함에도 불구하고 계속해서 실생활과 동떨어진 고답적 유희로 평가 절하되고 있다.

1990년대부터 인문학의 위기가 운운되기 시작했다. 사회의 한 켠에서 인문학은 '의미'를 질문하는 사람들 사이에서 열풍을 일으켰지만 평생 먹고 살 생업을 위한 전공 분야로서 인문학은 싸늘한 홀대를 받았다. 1990년대 당시 인문학은 위기에 처했어도 영문학은 여전히 호황이었다. 영어는 열풍을 넘어 광풍이었던 까닭이다. 그러나 지금은 다르다. 여타 인문학 분야와 마찬가지로 영문학도 위기를 맞이했다. 학령 인구의 감소도 영문학의 위기에 큰 몫을 했고, 경제적 침체, 일자리 부족이 가세하여 영문학과엔 여전히 우수한 학생들이 입학하긴 하지만 우수한 학생들의 숫자는 현저히 줄었다. 먹고 사는 문제, 생존의 문제에 밀려 '의미'의 문제는 뒷전에 물러나게 되었다. 쉽게 말해서 영문학을 비롯한 인문학이 '생존'에 별 쓸모가 없게 된 것이다.

대학교 안에서도 인문대학의 서열은 뚝 떨어졌고, 억대의 연구비를 수주하는 공학자들은 연구비 수주 실적 규모가 작고 초라한 인문학의 무용성을 대놓고 주장하기도 한다. 연구비의 액수만이 쓸모를 결정한다고 믿는 일부 사람들의 무지함에는 별로 대꾸할 가치가 없다. 다만 사회의 총체적인 변화에도 불구하고 현재의 문제에 대한 문제 해결 모색 없이 현실과 동떨어진 고답적인 과거만 읊어대는 인문학자에 대한 비판이라면 경청할 가치가 충분하다.

다수가 영미 문학을 선택하지 않는다 해서 영미 문학이 아예 쓸모없다는 뜻은 물론 아니다. 여전히 삶의 '의미'를 질문하고 욕망하는 젊은 세대가 있다면 그들은 여전히 영미 문학을 비롯한 인문학 공부를 선택하게 될 것이다. '의미'를 추구하는 학생들이 정말 한 명도 남지 않는다면 그때는 정말 문을 닫아야 할 것이다. 위기는 위기다. 지금은 오로지 '생존'만이 초미의 관심사다. 환경 위기에서 어떻게 '생존'할 것인가부터 시작해서, 어떻게 건강하게 '생존'할 것인가, 어떻게 직업을 갖고 먹고 사는 '생존'의 문제를 해결할 것인가에만 골몰하고 있다. 물론 다 중요한 문제다. 생존하지 않고 '의미'를 말하는 것은 소용없다. 그러나 '의미'의 추구는 인지상정이다. 헨리 데이빗 쏘로(Henry David Thoreau)의 말대로 우리는 깊이 살고자 하며 삶의 진수를 들이키고 싶은 욕망("to live deep and suck out all the marrow of life")도 지닌다. 우리는 생존하되 생존의 '의미'를 질문하지 않을 수 없다. 질문을 던지는 자들이 비록 소수여도 질문은 계속될 것이다.

하지만 제아무리 '의미'의 숙고가 가치 있다고 역설해도 생존만이 중요하다고 믿는 사람들의 숫자가 증가하는 것은 피할 수 없는 사실이다. 그들에게 의미를 추구하라는 우격다짐이 통할 리 만무다. 그런 사실을 염두에 두고 영문학 공부의 쓸모를 말해야 한다. 영문학을 포함한 인문학의 위기는 엄연한 사실이다. 인문학이 대다수 사람들에게 덜 중요하고 덜 선택당하는 사회적 변화는 돌이킬 수 없다. 지금은 사회적 변화를 충분히 수용하고 유연하게 대처하면서, 그럼에도 불구하고 의미 성찰학으로써 여전히 중요한 인문학의 사회적/학문적 효율을 높이는 방안을 검토해야 할 시간이다. 모든 학문은 질문하고 답을 모색한다. 모든 학문은 현실의 문제에 반응하고 문제에 대한 당대 최선의 해법을 모색한다. 그 모색이야말로 진정한 쓸모다. 영어영문학은 변화에 유연하게 대처함으로써 더욱 쓸모 있도록 전환되어야 할 필요가 있다.

영어영문학이 덜 중요해지고 덜 선택당하는 사회적 변화를 수용할 때 교육적으로 학문적으로 어떤 변화를 모색해야 할 것인가? 나는 이 책에서 영문학 공부가 사회적으로 쓸모를 높이기 위해 어떤 전환이 가능할지, 영문학 연구가 인문학으로서 인간의 윤리적, 존재론적, 인식론적 '의미'를 탐구하는 인문 학문적 엄격성을 확보하면서 학문적 쓸모를 가질 수 있는 전망이 무엇인지 제안하려고 한다. 나는 인문학으로서 영문학 공부가 쓸모 있으려면 두 가지 차원에서 전환이 모색되어야 한다고 제안한다. 영문학도가 영어영문학 전공을 통해서 연마할 수 있는 능력은 기본적으로 지성의 훈련, 상상력의 훈련, 언어의 숙달인데, 내가 이 책에서 주장하는 것은 영문학 공부의 특징은 이 모든 능력이 텍스트의 분석과 글쓰기를 통해서 이뤄진다는 점이다. 영문학이 비판적 지성을 훈련하고, 상상력을 함양하고, 영어 능력을 숙달할 때, 이는 문학 텍스트를 자세히 읽고 분석하며, 토론하고, 토론의 결과를 글로 표현하는 과정을 통해서 가능해진다는 점을 강조하고자 한다. 그래서 인문학이 연마하는 쓸모 있는 기술이 있다면 그것은 바로 텍스트 분석과 글쓰기 기술이 될 것이라고 주장한다.

문학 연구가 문화 연구로 자리를 내어준 지 꽤 오래되었다. 하지만 문학은 무엇보다 '언어로 만들어진 미적 구조물'이다. 미적 구조물에 대한 분석이 빠진 이데올로기적 문화 연구 즉 문학 텍스트에 대한 상세한 분석에 기초하지 않은 이데올로기 문화 연구는 그냥 유행하는 분석 모드에 따를 뿐이며 결론은 매번 똑같다. 문학은 천편일률적으로 제국주의든, 가부장제든, 자본주의든, 인종차별이든, 이들의 억압으로부터 해방을 도모하는 서사로만 해석될 것이다. 문학 연구와 문화 연구는 서로 연관되지만 서로 구분되는 특성이 있음을 아는 것은 중요하다. 문학은 역사학, 철학, 심리학, 사회학, 정치학과 겹치지만 그들과 구별되기도 한다. 문학 연구가 문화 연구와 구분되는 특성은 문학이 '언어로 만들어진 미적 구조물'이라는 사실에 기초한다. 우리의 문학 연구는 철학적 문학 연구, 사회학적 문학 연구, 심리학적 문학 연구가 될 수는 있을지언정, 문학 사회학, 문학 정치학, 문학 심리학이 되어버린다면 그때에는 이미 문학 연구라고 할 수 없다. 그래서 문학 연구는 필시 언어적, 미학적 분석이 필수적이다. 그래서 로버트 스콜즈(Robert Scholes)는 말한다. "교육자의 책임은 텍스트를 연구하면서 정치성이 충만히 작동하도록 만드는 것이다. 정치성을 고려한다고 해서 언어의 힘과 아름다움을 억제하지 않는다"(153)고 말한다. 어떤 이데올로기 문화 연구일지라도 텍스트 자체의 미적 구조에 대한 분석이 연구의 기초가 되어야 한다.

영문학 공부의 장점은 의심할 여지없이 지성의 연마, 상상력의 교육, 언어의 숙달이다. 하지만 이 책은 언어의 미적 구조물인 문학 텍스트의 분석 능력과 글쓰기, 텍스트를 소비하고 생산하는 실용적 스킬, 분석 리터러시 함양 훈련에 집중한다. 텍스트 소비란 안으로부터 텍스트를 공감적으로 이해하고, 한 발 물러서서 밖에서 비판적으로 분석하는 것이다. 텍스트의 생산이란 텍스트 분석적 소비에 기반하여, 텍스트에 반응하고, 대꾸하고, 정리하는 행위다. 이에 대해서는 2장, 3장, 4장에서 구체적으로 논의될 것이다.

영문학을 쓸모 있게 만드는 두 번째 차원의 논의는 기본적으로 텍스트 소비와 생산 행위를 학문적 차원의 논의로 확장하는 것이다. 앞서 말했듯이 학문은 현재의 문제를 질문하고 해법을 모색한다. 그런 의미에서 문학 텍스트 소비와 생산은 현재 당면한 문제들, 양극화, 불평등, 신식민주의, 난민, 트랜스 휴머니즘, 환경 문제, 이원적 인식론에 대한 해법의 모색과 연결되고 확장되어야 한다. 그러려면 인문학 내의 인접 학문들과 사회과학뿐만 아니라, 종래 서로 반목하던 과학, 의학, 공학과도 횡단하는 패러다임의 전환을 요청한다. 80년대부터 시작한 문화 연구가 이제까지 인문 사회학 전 분야를 횡단하였다면, 이제는 과학, 의학, 공학까지도 횡단할 필요가 대두되었다. 현실의 문제는 그만큼 복합적이기 때문에 한 두 분야만으로는 해법이 불가능하고 총체적인 접근이 필요하기 때문이다. 이에 대해서는 주로 5장에서 논의될 것이다.

정리하면, 이제 영문학은 두 가지 차원의 전환을 모색해야 한다고 나는 주장한다. 첫 번째 주장은 영문학 공부가 영미 문학 텍스트 분석과 글쓰기라는 쓸모 있는 역량 훈련에 집중해야 한다는 것이다. 두 번째는 80년대 이후의 문화 연구와 2000년대 이후 포스트 인문학이 요청하듯이 나는 영문학은 고답적 연구를 중단하고 전 분야를 종행무진 횡단하면서 현실 문제에 개입하는 학문으로 전환되어야 한다는 전망을 제시한다. 이는 미학적 언어 구조물인 문학 텍스트 연구자로서 정체성을 유지하면서 동시에 전분야를 횡단하는 탈동일시(disindentification) '사이'에서 긴장을 유지해야 한다는 의미다. 로컬 전문성을 유지하면서 보편적 학문으로 나아간다는 뜻이다. 영문학의 쓸모를 주장하고자 한다면 세부 전문성과 보편성이라는 짐짓 상반된 두 개의 길 '사이'에서 새 길을 내는 상상력이 필요할 것이다.

이 책은 2019년 충남대 재직교수 연구비 수혜의 결과물이다. 연구비 결과물을 만들어야 한다는 의무감 덕택에 평소 쓰고 싶었던 책을 결국 쓸 수 있었다. 오랫 동안 숙성된 생각이라서 쉽게 쓸 줄 알았는데 거듭 경험하지만 쉽게 써지는 책은 없는 모양이다. 결국 끝내지 못할 것만 같은 불안과 초초함이 계속되었다. 맘속에 멋대로 헤엄치던 생각들에게 그런대로 구체적인 모양을 주고 나니 홀가분하고 기쁘다. 여름 방학 내내 책 쓴답시고 소홀했던 사랑하는 따님들과 남편, 요양원 어머니를 내 몫까지 돌봐드린 고마운 친정 오빠와 언니와 동생들께 감사한다. 세상 그 무엇도 혼자의 힘이 아니라 모두의 합심으로 이루어지는 것임을 너무도 절절히 깨닫는다. 책의 편집과 출간을 위해 수고해 주신 정현걸 대표님과 김금란 실장께 감사한다.

저자

김명주

목 차

포스트-영문학

오래된 미래의 길을 찾아

텍스트 역량 훈련으로 전환

융복합 포스트-인문학의 전망

프롤로그

영어영문학 공부의 쓸모?

쓸모에 대한 질문은 왠지 씁쓸하다. 한때 소위 잘 나가던 영어영문학과도 역시나 궁지에 몰렸음을 인정하는 셈이라서 씁쓸하다. 영어영문학이 우리 나라에 소개된 지 100년 넘는 시간이 지나는 동안 영어영문학과는 수많은 인재를 배출했다. 영어영문학 전공자는 딱히 전공에 한정되지 않고, 정계, 언론계, 학계의 여러 분야에서 두루 두각을 나타냈다. 누구든지 영어영문과를 나오면 영어를 잘하고, 영어를 잘하면 두루 능력을 인정도 받고 취직도 보장되었다. 사회적으로 인정 받고 취업이 수월하다보니 영문과 설립의 초창기에는 능력이 출중한 사람들이 영어영문과로 몰렸고, 애초 유능한 인재들이 영어영문과에 들어왔으니 졸업 후에도 사회 전반에서 그들이 출중한 성과를 내는 것은 당연했다.

1980년대 신자유주의의 기업 중심 체제가 전세계를 잠식하기 시작하면서 인문학이 전반적으로 쇠락하는 와중에도 1989년 소련의 몰락과 더불어 부상한 미국 중심 체제 질서는 우리 나라에 영어 광풍을 촉발시켰다. 1990년대 초반에는 대학생들이 영어 회화를 배우기 위해 대거 학내 언어 교육원에 몰렸고, 크고 작은 영어 학원들도 우후죽순 생겨나고 번창했다. 영어를 배우기 위해 조기 유학 붐이 불기 시작한 것도 대략 이때 쯤이다. 1999년부터 영어는 초등학교 3학년부터 배우기 시작되었고, 꽤 많은 수의 원어민들이 학교와 학원의 영어 교육에 투입되었으며, 2008년 이명박 정부에서는 인수위 단계부터 학생들은 '오렌지'가 아니라 '오린지'로 배워야 한다고 바람을 넣었으며, 그 이전부터 원어민처럼 영어를 발음하기 위해 강남에서는 혀 수술을 한다는 헛헛한 소문도 들려왔다. 2014년 즈음에는 영어 광풍 속에서 영어는 취업의 필수 조건인지라, 취업 시 필요로 하는 토익과 같은 공인 영어 성적 고득점이 대학 교양 영어 교육의 목표가 되기도 했다.

하지만 언제까지나 지속될 것처럼 보였던 영어 광풍은 2018년 수능 영어에서 절대 평가가 도입되면서 일시에 잠잠해졌다. 영어 광풍 덕에 인문학에서 거의 유일하게 잘 나가던 영어영문과도 지금은 다른 여타 인문학과와 함께 "송구"해졌다. 2021학년도 대학 입시에서는 학령 인구의 감소로 지방 사립대 뿐만 아니라, 중소 도시의 국립대학까지 미달 사태를 피치 못했다. 2024년이 되면 12만명 대학 정원이 미달된다는데, 이중 인문학 전반 학과들에 대한 타격이 가장 클 것으로 예상된다. 그 누구도 먹고 사는 일에 초연할 수 없다. 인문학이 먹고 사는 일과 무관하여 쓸모 없다고 인식된다면 인문학은 학생들로부터 외면 당할 것이고, 학생이 없는 학과는 존재 이유가 사라져 버렸으니 자동 폐쇄다. 대학의 기능이 교육과 연구와 봉사라지만 대학이 연구소로 변모하지 않는 한 교육할 학생이 없는 대학은 존재 이유가 사라지는 셈이다. 그런 의미에서 쓸모는 중요하다.

물론 쓸모만이 이 땅에 존재할 수 있는 유일한 이유가 되진 않는다. 소위 내게 쓸모가 없어 보여도 다른 누군가에겐 쓸모가 있을 터이니 함부로 쓸모의 유무를 규정할 수 없거니와, 쓸모도 쓸모 나름이라서 '어떻게 하면 잘 살 수 있을까'라는 질문과 관련된 실존적 성찰과 존재의 확장을 위한 쓸모인지, 동일하지만 상이한 의미로 취직과 안정을 위한 쓸모인지, 쓸모는 제각각 다르게 규정될 수밖에 없다. 소위 쓸모 없는 것들도 분명 쓸모가 있을 수 있다. 난 후자의 질문도 결코 열등하다고 생각하지 않는다. 취업과 경제적 안정은 마땅히 추구하고 누려야 할 기본적 권리다. 실존적 성찰과 확장이랍시고 손가락만 빨고 살 수는 없는 법, 마땅히 기본적인 문화 생활을 영위할 만한 직업과 수입은 매우 중요하다. 나는 이 책에서 영어영문학 교육이 학생들의 생존과 더불어 실존적 삶을 위한 쓸모 모두를 충족하는 교육, 그래서 두 마리의 토끼를 다 잡을 수 있는 방법을 제시하고 싶었다.

그러나 생존이든 실존이든 오늘날 급속하게 변화하는 한국 사회는 영어영문학을 비롯하여 전반적인 문학 공부의 쓸모를 낮게 평가하고 있기 때문에 영어영문학의 쓸모를 느끼는 사람들의 숫자가 줄어들고 있는 것은 부정할 수 없는 사실이다. 이 책은 영어영문학이 굳이 쓸모없다고 결정하고 마음이 떠난 사람들에게 영어영문학 공부가 쓸모 있다고 굳이 강변하려는 것은 아니다. 마음이 떠난 사람에게 미련을 갖는 것은 어리석은 시간 낭비다. 나는 떠나려는 사람의 마음을 돌리는데 단 한 번도 성공해본 적이 없다. 다만 여전히 영어영문학 공부에 마음을 둔 소수의 사람들에게 영어영문학의 쓸모가 무엇인지, 어떻게 해야 쓸모를 제대로 만끽하는 것인지 고민해보려는 것이다.

왜 '공부'인가

나는 이 글을 쓰면서 의도적으로 영어영문학 '공부'라는 단어를 선택했다. 우리가 흔히 이런 종류의 논의를 할 때엔 영어영문학 '연구와 교육'이라는 단어들을 사용할 가능성이 많다. 나 역시 문학 '연구'와 '교육'이라는 제목을 달까 고려했었다. 하지만 '연구와 교육'은 대체로 교수자 입장의 논의가 되기 십상이다. 대체로 '쓸모'가 논의되는 지점은 언제나 교육의 수혜자인 학생의 입장이다. 왜냐하면 영어영문학 교육과 연구가 쓸모 없다고 느끼는 사람들은 교수자들이 아니라 바로 교육의 수혜자들 즉 학생들이기 때문이다. 그래서 '쓸모'와 관련된 논의는 학생의 입장에서 펼쳐져야 한다. 학생의 입장이라면 당연히 교육이나 연구라는 단어보다는 '공부'가 더 적절하다. '공부'는 배우고 익히고 연구하는 모든 과정이 포함되어 있다. 영어영문학과 관련된 공부 활동은 활동 주체인 학부생과 대학원생에 따라 조금 다르다. 다른 학문 분야와 마찬가지로 '학부 교육'과 '대학원 교육'의 활동 내용이 서로 다르기 때문에 학부생이든 대학원생이든 상이한 활동 내용을 모두 아우를 수 있는 단어가 '공부'라고 생각했기 때문이다. 일단 각각의 활동 내용을 쉽게 알아볼 수 있도록 표를 만들어보면 이렇다.

		학부	대학원	
학생	공부	배움 > 연구	배움 < 연구	
교수	교육 &연구	교육	교육	연구

영어영문학과 학부생의 경우 주로 교육을 받는 입장이면서도 연구 활동이 전혀 없다고 할 수도 없다. 강의마다 독자적인 프로젝트를 수

행하고 이를 페이퍼로 제출하기도 하니까 연구를 수행하는 셈이다. 하지만 학부생의 공부는 아무래도 연구보다는 배움의 비중이 더 클듯하다. 대학원생의 경우도 대학원 강의를 통해 교육을 받지만 아무래도 학위 논문을 완수하기 위한 연구 활동이 주를 이룬다. 영어영문학과 교수도 학부와 대학원생을 교육하면서 동시에 교육과 별도로(물론 별도라는 말에 어패가 있으나) 논문이나 저술을 통해 연구 활동을 수행한다. 물론 교수의 교육과 연구 활동을 '공부'라는 이름으로 불러도 실은 무방하다. 나는 개인적으로 내가 하는 연구에 '공부'라는 단어가 훨씬 더 어울린다고 생각할 때가 많다. '연구'는 특정 분야의 전문적 지식 생산이지만, 나의 독서와 글쓰기의 전 연구 활동은 좀 거창하게 말하면 전인격적 구도(求道) 과정으로서 '공부'라는 단어가 더 적절하다는 생각이 들기 때문이다. 물론 학생들도 학부든 대학원이든 인문학 공부의 특성상 자신의 공부를 취업 준비 뿐만 아니라 구도의 과정으로 스스로 여길 수도 있음직하다. 하지만 이 책에서 내가 사용하는 '공부'의 의미는 학생들 입장의 배움/연구 활동을 통합적으로 지칭하기 위해 편의상 사용하는 개념임을 미리 밝힌다. 이 책은 어디까지나 꽤나 실용적인 영어영문학 공부의 쓸모에 대해 말하려고 하니까 말이다.

이 책을 읽을 때엔 처음부터 끝까지 읽어도 좋지만 목차를 보고 필요에 따라 선택해서 읽어도 좋다. 또한 이 책은 대체로 영미 문학 전공자를 대상으로 썼지만 문학 연구와 방법에 대해 궁금하다면 다른 언어로 쓰인 문학을 공부하거나 연구하는 사람에게도 도움을 줄 수 있으리라 생각한다. 무려 40년 동안 터득한 게 고작 이 정도라 부끄럽지만 이 책이 누군가에게 작은 보탬이 될 수 있다면 큰 기쁨이다.

1장
한국 영어영문학이 훈련하는 역량들

우리 나라의 경우 영어영문학 교육은 연희전문에 영어영문학과가 설치된 1914년에 시작되었다. 약 100년 전이다. 서울대학의 경우는 경성제국대학 시절 1925년 법문학부(법과, 철학과, 사학과, 문과)가 처음 설치되었고, 1925년 이효석이 법문학부 영문과에 입학했다는 기록이 있으므로 영어영문학과도 그때쯤 함께 설치된 듯하다. 그리고 1946년 서울대는 경성제국대학을 기초로 문리과대학을 설립했고 그 안에 영문과가 정식으로 설치되었다. 충남대의 경우 1952년 문리과대학이 설립되고 1954년 영문과가 설치되었다. 대다수 국립대학의 영문과들은 충남대와 비슷한 시기에 설립되었다. 한국에서 영문학 교육/연구의 전체 역사는 약 100년이 넘지만 학문적으로 보다 엄밀한 영어영문학 연구가 시작된 것은 소위 영문학 2세대 학자들로서 1960년대 이후 강단에 선 학자들이다. 그렇다면 우리의 영어영문학 연구의 본격적인 역사는 현재 2021년 기준으로 약 67년 정도다.[1)]

영어영문학과가 1990년대 이후 다른 인문학과의 전반적인 하락세와 달리 얼마 전까지 승승장구할 수 있었던 이유는 세계어인 영어를

---

1) 한국 영어영문학회는 영어영문학자들의 연구를 공유하는 학회인데 2014년 60주년을 맞았다.

숙달해야 한다는 사회적 욕구가 광풍으로 휘몰아친 덕이었다. 공급자의 의도나 바램과는 달리 사실상 영어영문학과의 일반적인 목표로서 크게 두 개 축인 언어의 숙달과 인문적 소양 중 인문적 소양은 인문학의 퇴조와 함께 오래 전에 쇠퇴하였고, 영문과 교육은 두 개의 목표 중 하나인 영어의 숙달만 붙들고 절름거리면서도 나름 풍요롭게 생존하고 있었다. 전반적으로 취업이 어려워지고 어렵사리 생기는 일자리조차 이공계 졸업생 중심인 터라 영어영문학과가 목표로 하는 인문적 소양에 대한 학생들의 관심은 현저히 줄어 들었다. 학생들이 취업 용이한 전공으로 몰리는 것은 당연했다. 학생들이 필요한 것은 취업이지 인문적 소양이 아니었다. 인문적 소양은 배부른 자의 사치처럼 느껴지기 시작한 것이다. 어쩌다 영어영문학과에 입학하게 된 학생들도 기능적인 영어만을 배우기 원하지 인문적 소양은 관심이 없었다. 그래도 영어는 여전히 인기였기 때문에 영어영문과는 인문대학에서 그마나 가장 여유만만한 학과였다.

그런데 영어영문학과의 교육 중 남은 하나인 영어 숙달 마저 신통치 않게 되었다. 영어의 중요성이 감소되고 있다는 느낌이 분명하다. 영어 광풍이 사라진 것은 수능 영어가 절대 평가로 전환되면서 부터다. 광풍이 사라진 것은 분명히 환영할 일인데 전반적으로 영어에 대한 사회적 관심이 줄어들고 영문과에 대한 인기도 확실히 줄어들었다. 게다가 대학에서 인문학의 입지는 점점 좁아지고 퇴임하는 교수가 있어도 교수 충원이 되지 않는 상황이다. 이런 상황이라면 30년 후엔 영문과는 교양대학에 편입되어 있거나 독립적으로 계속 남는다 해도 교양 영어를 가르칠 박사를 양성하는 정도에 그칠지도 모른다.

필요 없는 것은 자동적으로 도태되기 마련이다. 서문에서 말했듯이 효율의 메카니즘은 소위 얄짤 없다. 나는 사회가 영어영문학을 필요로 하지 않는다면 도태되는 것이 마땅하다고 생각한다. 억지로 살릴 필요는 없다. 20세기 후반과 21세기 전반을 살게 될 내가 마침 그때 이 사회가 비교적 절박하게 필요로 했던 영어영문학을 즐겼다 해서 영어영문학이 영원히 필요할 것이라는 환상을 가지고 있지도 않다. 다만 영어영문학과가 언제까지 살아있을지 모르지만 살아있는 동안 영어영문학이 사회의 수요를 충족시키는 방안이 무엇인지 고민해보고자 한다.

요즘은 4차 산업 혁명이라는 새로운 문화적 도전에 직면하고 있다. 4차 산업 혁명이란 현실과 가상 현실의 경계, 기계와 생명의 경계가 희미해지는 시대를 의미한다. 이때 새로운 혁신이 요청되는데 그 혁신은 지속적 혁신이 아니라 파괴적 혁신이 될 것이라고 예측하고 있다. 마치 다윈 이후 인간 존재의 개념이 변화한 것처럼 4차 혁명의 시대 인간의 개념은 포스트-인간으로 새롭게 정의되는 중이다. 이런 상황에서 대학의 교육 기능은 이제 지식의 축적이 아니라, 변화하는 사회에 유연하게 적응할 수 있는 역량을 교육하는 것이 되었다. 4차 혁명 시대의 역량 교육으로서 영어영문학 공부가 훈련하는 역량들은 무엇일까?

2014년 한국 영어영문학회는 창립 60주년을 맞아 "영어영문학 교육이 한국 사회에 어떻게 기여했는가"를 주제로 포럼을 개최했다. 그때 현직 기자, 작가, 아나운서, 통역사, 통신회사 중역으로서 일하는 영문과 졸업생들을 초청했는데, 그들은 학부 영문학 교육이 자신의 커리어에 어떤 도움이 되었고 앞으로 어떤 교육이 되기를 기대하는지 발표했다. 그들은 한결같이 그들이 졸업한 영어영문과에서 자신들이 혜택으로 얻은 훈련은 영어 텍스트 읽기/쓰기 역량이었다고 고백했다. 또한 그들이 미래 영어영문학 교육에 기대하고 바라는 훈련 역시 똑같이 영어 텍스트 분석과 글쓰기 역량이었다. 영어영문학과 졸업생 다섯 명의 견해를 영어영문과 전체 졸업생의 견해라고 일반화하기는 어렵겠지만 소수 경우나마 학과에 대해 그들이 기대하는 역량은 학과가 지향하는 목표를 고려할 때 충분히 유의미했다.

영어 텍스트를 분석하고 글 쓰는 역량이 단순히 기능적인 것은 아니다. 이는 언어 숙달과 더불어 깊은 인문적 소양을 필요로 함은 두말할 나위가 없다. 미래가 어떻게 바뀔 지는 예측하기 힘들고 섣불리 예측하는 것도 큰 의미는 없다고 본다. 다만 영문학을 교육하는 자로서 스스로 자조하거나 자기 회의에 빠지지 않으면서 할 수 있는 일이 무엇인가 고민해 보는 것은 불가피하다.

대학 학부 공부는 뭐니 뭐니 해도 취업을 위한 역량 교육이다. 단순히 지식을 축적하는 교육이 아니라 졸업 후 어디에 취업하든 그곳에서 새롭게 일을 시작할 수 있는 기본 역량을 훈련하는 교육이다. 취업 후엔 직장에 알맞은 직무 훈련을 어차피 따로 받아야 한다. 그러니까 요즘의 학부 교육은 각종 기업 연수원이 제공하는 교육을 받을 수 있을 만한 기본 역량을 교육한다고 보는 것이 적절하다. 이런 역량은 배우고 익히고 독자적으로 연구하는 공부 과정을 통해 길러진다.

그렇다면 영어영문학 전공의 경우, 학부 전공자가 배우고 익혀야 할 기본 역량은 무엇일까. 나는 세 가지를 꼽는다. 1) 인문적 비판 지성 역량, 2) 텍스트 분석 능력과 글쓰기 역량, 3) 영어 역량이다. 그러니까 학생들의 입장에서 볼 때 영어영문학 전공자로서 졸업시 얻게 될 역량은 비판적 지성 역량과, 문학이든 영화든 광고든 모든 문화 텍스트를 분석하고 분석에 기반한 글쓰기를 잘 할 수 있는 역량, 영어를 잘 읽고/듣고/말하고/쓸 수 있는 역량이 될 것이다. 물론 세 가지가 따로 분리된 역량은 아니고 사실상 서로 연결되어 있다.

인문적 비판 지성

먼저 인문적 비판 지성 역량이란 꽤나 애매한 말임에 틀림없다. 유발 하라리는 『호모데우스』에서 이렇게 말한다. "사피엔스가 세계를 지배하는 것은 그들만의 상호주관적 의미망을 엮을 수 있기 때문이다. 그것은 공동의 상상 속에서만 존재하는 법, 힘, 실체, 장소로 이루어진 그물이다"(212-13)라고 말한다. 하라리는 2억 년 전 공룡이 지구를 지배했던 것처럼 인간이 지구를 잘 지배했든 못했든지 간에 지난 만 년 동안 인간이 지구를 지배해왔음을 인정한다. 그 지배를 가능하게 만들었던 것이 바로 실제로 존재하지 않는 '상상의 실재'에 대한 집단적 믿음이라고 주장한다. 종교적 믿음이 되었든, 민주주의에 대한 신념이 되었든, 그 모두는 '상상의 실재'에 대한 믿음인데 바로 이 믿음을 통해 소위 문명이 가능했다고 주장한다. 하라리는 이를 '상호주관적 실재'라고 부른다. 더러는 이 '상호주관적 실재'를 '사회적 상상체'(the social imaginary)라고 부르기도 한다. '상호주관적 실재'는 합의된 진리고, 인문학의 연구 대상은 바로 이 '합의된 진리'라고 말한다. 인문학은 우리 시대의 '합의된 진리' '상호주관적 실재' '사회적 상상체'가 무엇인지 파악하고, 그 '합의된 진리'가 시시각각 변화하는 세상에 부적절하고 구닥다리라면 이를 비판하고, '상호주관적 실재'를 새롭게 창조하는 역량을 훈련한다. 상상적 실재의 부적절성을 파악하고 비판한 다음 보다 나은 상상적 실재를 새롭게 창조하는데 필요한 역량은 바로 비판적 지성이다. 인문학은 이 비판적 지성을 훈련한다. 쉽게 말하면, 비판적 지성이란 『매트릭스』에서 영화에서 보는 것처럼 안락한 파란 약 대신 고통스러워도 진실을 대면하고자 빨간 약을 선택할 수 있는 역량이다. 매트릭스를 벗어나 실재라고 믿었던 그 현실조차 누군가의 조작에 의한 또 다른 상상적 실재일지라도 보다 진실에 가까운 상상적 실재를 찾는 모험을 계속할 수 있는 역량이다. 그래서 M.H 에이브람스(M.H. Abrahms)는 이렇게 말한다.

> 문학 연구와 인문학이 필요한 것, 인문학에 활기를 주면서도 인문학을 성가시게 하는 것은 바로 우리가 믿는 것들에 대해 계속 의문을 제기하는 것이다. 그 의문에 대해 우리는 계속 답을 제시한다. 그 답은 때로 강한 지지를 받기도 하지만 결국 최종적인 답변이 될 수는 없다. (126)

올더스 헉슬리(Aldous Huxley)의 『멋진 신세계』를 예로 들어보자. 이 작품 속 세상은 인공 수정에 의해 인간을 계층별로 대량 생산하는 철저한 위계 사회다. 알파, 베타, 델타, 감마, 엡실론이란 계층을 미리 정하고 태아 단계에서 폐에 산소를 덜 공급함으로써 두뇌 발달을 저해하여 가장 낮은 계층인 엡실론을 생산한다. 엡실론은 거꾸로 뒤집힌 상태가 더 좋다는 연상 작용을 하게끔 길들여져서 거꾸로 있을 때 참된 행복을 느끼도록 조작되어 있다. 다른 계층들 역시 철저한 최면 학습을 통해 계층적 질서를 고정시킨다. 인생의 목적은 오로지 행복이고, 비판적 지성은 사회 질서를 파괴하는 악으로 세뇌된다. 그런데 이들 중 바깥을 사유하는 자들이 생겨난다. 소위 빨간 약을 먹은 자들이다. 이들은 『매트릭스』의 네오처럼 매트릭스의 당연함 속에서 뭔가 이상함을 느끼는 사람들이다. 주인공 중 하나인 헬름홀츠 왓슨은 이렇게 말한다. "나에게는 무엇인가 꼭 해야 할 중요한 말이 있고, 그 말을 할 능력도 지녔지만, 그 말이 무엇인지도 모르겠고, 그것을 표현하는 능력 또한 전혀 쓰지 못한 그런 기분"(122-3)을 느낀다. 너무 당연하고 익숙한 세상이 뭔가 이상하다는 느낌을 갖지만 이를 본격적으로 비판할 역량이 갖지 못한 것이다. 결국 그는 "멋진 신세계"를 버티지 못하고 섬으로 유배되고 만다. 소설 속에서 바깥을 사유하는 자들은 모두 불행한 결말을 맞게 된다.

인문학은 당연하다고 여겨지는 '상호주관적 실재'의 타당성을 질문하고, 그 실재가 더 이상 타당하지 않다면 새로운 '상호주관적 실재'를 추구하고 창조하는 역량을 훈련한다. 그 역량을 우리는 인문 지성, 비판적 지성이라고 부르는 것이다. 지성은 지능과 다르다. 다사카 히로시는 지능과 지성을 구분하여, 지능은 "답이 정해져 있는 물음에 대해 곧바로 정확한 답을 내놓는 능력"이지만 지성은 "좀처럼 답을 찾을 수 없는 물음에 대해 절대 포기하지 않고 계속 물어가는 능력"이라고 말한다. 즉 '지성'은 '질문하는 능력'이다. 속설, 세뇌, 최면, 사회화된 신화에 도전하고 생존과 실존에 더 적절한 가치와 규범을 찾아내고, 합의를 이끌어낼 수 있는 역량이다. 인문학의 한 분과인 영어영문학 교육은 학생들에게 위와 같은 비판적 역량을 훈련하고자 한다.

텍스트 분석 능력과 글쓰기 역량

문제는 어떻게 비판적 역량을 훈련하는가이다. 영어영문학과는 영어학과 영미 문학으로 세분화되는데 나는 둘 중 후자인 영미 문학을 가르치는 사람이다. 그래서 영어영문학과 학생들이 전공 과목들 특히 영미 문학을 공부함으로써 어떻게 비판적 역량을 훈련받는가에 논의를 한정한다. 비판적인 역량은 계속적으로 질문을 던지고 답을 찾는 과정을 통해 훈련된다. 이때 영미 문학 텍스트를 활용한다. 학생들은 영미 문학사의 수많은 작가들과 작품들, 시대별 사조들에 대한 지식도 중요하지만, 그 지식은 어디까지나 텍스트 자체를 잘 분석하기 위한 배경 지식으로서만 중요하다. 즉 작가와 작품 이름을 아는 것보다 더욱 중요한 역량은 개별 문학 텍스트를 자세히 읽고, 감상하며, 텍스트의 의미가 무엇인지 질문하고, 그 의미가 어떻게 만들어지는가를 분석해내고, 분석 내용을 다른 사람들과 토론하여 합의해 나가는 역량이다. 그러려면 시, 소설, 희곡이 갖는 장르별 특성도 알아야 할 것이고, 텍스트의 의미를 파악하는데 다양한 인접 학문들 – 철학, 사회학, 예술, 정치학, 역사학 – 에 대한 지식과 더불어 문학 (문화) 이론들 – 정신분석학 이론, 페미니즘 이론, 탈식민주의 이론, 신역사주의 이론 – 등도 도움이 될 것이다.

하지만 중요한 점은 문학 전공자들에게 다양한 인접 학문에 대한 지식과 문화 이론은 궁극적으로 문학 텍스트의 의미를 풍부하게 밝혀내는 데 기여해야 한다는 것이다. 다시 말해서 텍스트가 문화 이론의 타당성을 증명하는 자료는 아니라는 뜻이다. 특정 문학 텍스트가 프로이트의 이론이 얼마나 적절한 지를 증명하는 자료가 되어서는 안되는 것이다. 물론 프로이트 연구자에게는 특정 문학 텍스트가 프로이트 이론의 타당성을 증명하기 위해 얼마든지 활용될 수 있다. 하지만 문학을 공부하는 사람은 문학 텍스트의 의미 분석에 초점을 맞춘다. 마찬가지로 역사가에게 문학 텍스트는 당대의 역사 기록으로 활용될 수 있다. 하지만 그것은 역사가의 일이고 문학을 공부하는 사람은 모든 지식을 문학 텍스트의 의미 파악에 포커스를 맞추는 것이 적절하다. 물론 미래 어느 순간 분과 학문의 경계가 완전히 허물어지고, 그야말로 통섭과 융합의 경지에 오르는 일부 천재들이 분명 있겠지만 지식이 폭발적으로 증가하고 대다수 인간의 능력은 한정되어 있기 때문에 옛날처럼 백과 사전적 지식을 지닌 사람은 흔치 않을 것이다. 그렇다면 대중 교육으로서의 대학 공부는 분과 학문(discipline)을 통해 특정 역량을 훈련받는 방식은 한동안 지속될 것이다.

문학 텍스트를 자세하게 읽고 분석하고 토론하는 역량을 훈련하면, 영화, TV드라마, 그림, 뉴스, 신문, 광고, 포스터, 일상 대화, 사람의 표정, 그 모든 것이 해석을 필요로 하는 텍스트이기 때문에 문화 전반에 대한 분석과 해석 역량을 덤으로 키우는 셈이 될 것이다. 로버트 스콜즈의 말대로 텍스트는 본래의 의미대로 '단어를 직조한 결과물'이기도

하지만 요즘 세미오틱 해체주의자의 주장대로 텍스트는 '문화의 직물'(the fabric of culture itself)이기도 하다. 우리 자신도 그 직조 안에 뒤섞여 짜인 문화의 직물이다. 문학은 이 모든 매체 중 가장 정교한 텍스트이기 때문에 정교한 텍스트 분석 역량은 다른 종류의 텍스트 분석에도 크게 도움이 될 것이다.

서구의 경우 19세기와 20세기 초반 문학은 "세속적인 성경"으로 추켜 세워지면서 지배적 권위를 누린 적이 있지만 차츰 대중 매체에 의해 밀려났다. 문학이 여전히 중심이라는 생각은 시대착오이고 아전인수적 사고일 뿐이다. 2021년 지금은 더더욱 영상 매체와 웹툰 소설에 밀려 문학이 대중으로부터 외면당하고 있음을 부정할 수 없다. 앞으로는 영상 매체의 우위가 더욱 견고해질 것이다. 그럼에도 불구하고 여전히 문학을 좋아하는 소수가 문학을 전공하고자 한다면 그 소수가 훈련할 수 있는 역량은 가장 정제된 형태라고 볼 수 있는 미학적 언어 구조물인 문학 텍스트 분석 역량일 것이다. 그렇게 다져진 역량을 통해 다른 주요 텍스트들에 대한 분석도 한결 손쉬워질 것이다.

또한 텍스트의 자세한 읽기, 의미의 이해, 의미를 구성하는 요소에 대한 분석뿐만 아니라, 분석을 기초로 한 글쓰기는 비판 역량의 총화다. 글쓰기를 통해 읽기와 분석이 완성된다. 인문학이 훈련하는 가장 중요한 스킬이 있다면 그것은 뭐니 뭐니 해도 글쓰기다. 강의 시간 마다 글쓰기 과제를 통해 학생들은 분석에 기초한 글쓰기 훈련을 하게 된다. 그런데 아쉽게도 영어영문학 강의 교실에서 글쓰기 훈련이 얼마나 잘 이루어지고 있는지 의심스럽다. 아마도 글쓰기 과제가 드문 이유는 채점이 어렵기 때문인 듯하다. 연봉제 실시 이후 연구 성과물에 전보다 많은 에너지를 할애할 수밖에 없는 학교 현실에서 채점 시간이 많이 걸리는 글쓰기 과제를 학생들에게 많이 부과하기도 힘들거니와 학점에 예민한 학생들이 모두 만족할 만한 공정한 채점도 실상 매우 힘들다. 그럼에도 불구하고 인문학 공부에서 글쓰기가 빠진다면 김빠진 맥주처럼 밋밋하고, 앙꼬 없는 찐빵처럼 맛없고, 절정 없는 드라마처럼 재미없다. 이 책의 후반은 주로 텍스트를 분석하고, 분석에 기반한 글쓰기, 특히 문학 논문 쓰기에 대해 말할 것이다.

영어 역량

이렇게 영어영문학 학부 공부의 첫 번째 역량과 두 번째 역량을 논의했다. 이제 세 번째 역량인 영어 능력에 대해 말해야 한다. 영문과가 국문과나 불문과와 다른 점은 같은 문학을 다루지만 영어로 쓰인 텍스트를 활용한다는 것이다. 영어 텍스트를 읽고 분석하고 토론하고 글을 쓰는 과정 모두가 실은 영어의 네 기능 향상과 연결된다. 나는 교양 과목이든 전공 과목이든 강의의 첫 시간마다 학생들에게 질문한다.

"영어 잘하고 싶은 학생들 손들어 보세요!"

학생들은 너나 할 것 없이 거의 모두 주섬주섬 손을 든다. 맞다. 모두 영어를 잘하고 싶어 한다. 어떤 이유이든 영어를 잘하면 유리하다는 것을 모두가 아는 터라 영어는 모두가 잘하고 싶어 한다. 혹시라도 손을 들지 않는 학생들이 있으면 그들에게 말한다.

"맞아요. 영어가 모두에게 필요한 것은 아니에요. 영어 못하면 어때? 우리가 공연히 영어 실력 가지고 학생들 줄 세우는 못된 문화가 있죠. 그건 잘못이에요. 영어 못한다고 공부를 못하는 것도 아니고 인격이 열등한 것도 전혀 아닙니다. 영어 실력을 개인의 역량이나 인격과 곧장 연결하는 풍토는 영 틀렸어요."

학생들은 안심하는 눈치다. 하지만 이어서 말한다.

"하지만 여러분. 여러분이 전문직을 원한다면 영어는 불행하게도 필수랍니다. 한국어가 링구아 프랑카가 아니어서 영어를 힘들여 배워야 하니 불행하지요. 하지만 외국어 습득은 나름의 장점이 많아요. 뇌 발달에 크게 도움이 되고요. 타문화에 대한 이해력이 한결 좋아져요. 그런 지적 문화적 장점뿐만 아니라 우리가 영어를 못하면 누군가의 표현대로 마치 조선 시대에 한자를 모르는 것과 같답니다. 조선 시대에 한자를 모르면 어떻겠어요. 전문직 진출은 영 글렀겠지요. 지금도 마찬가지에요. 여러분들이 전문직에 진출하고자 한다면 영어는 필수랍니다."

이쯤이면 학생들은 고개를 떨구면서 마지못해 수긍한다. 그리고 나는 다시 묻는다.

"영어를 잘한다는 것은 무엇일까? '저 사람은 영어를 잘 한다'고 말할 때 무슨 뜻일까요?"

다소 모호한 질문이지만 어느 수업이든 대다수의 학생들은 자신 있게 답한다.

"영어를 유창하게 말하는 사람이요!"

많은 학생들은 영어 회화 잘하는 사람을 영어 잘하는 사람이라고 생각한다. 그럴까? 심지어 교양 영어 개편 때문에 각 대학에서 오신 대표 교수님들도 그렇게 생각한다. 최근 교양 영어 개편을 위해 학내 구성원을 대상으로 설문 조사를 했는데 그 설문 조사에서도 대다수가 영어의 네 기능 중 '말하기'를 가장 중요한 기능으로 꼽았다. 영어를 잘하는 것은 말을 잘하는 것이라고 착각한다. 영어 10년 배우고도 외국인과 말 한마디 나눌 수 없던 한이 그토록 컸던 탓인가 보다. 그러나 주지하다시피 영어를 잘 한다는 것은 영어를 잘 읽고 듣고 말하고 쓰는 능력이 골고루 갖춰졌을 때를 말한다. 말하기가 중요하지 않다는 뜻이 아니라 말하기만이 지상 최대의 관심사이거나 언어 숙달의 유일한 평가 기준은 아니라는 말이다. 영어의 네 기능을 골고루 잘 하는 사람을 우리는 영어를 잘 하는 사람이라고 부른다.

그렇다면 영어영문과 학부 공부는 어떻게 영어의 네 기능을 골고루 잘 하는 역량을 키울 수 있을까. 많은 사람들이 영어를 공부하는 방법에 대해 착각하고 있다. 많은 사람들은 영어를 잘 하려면 토익이나 토플을 공부해야 한다고 믿는다. 실제로 영어 능력을 평가하는 잣대로써 토익과 토플이 빈번히 사용되는 것은 사실이다. 그러나 이는 교과서는 보지 않고 문제집만 보는 것과 다르지 않다. 문제집만 보면 단기적으로 점수를 올릴 수는 있을지 모르지만 체계적인 지식과 실력을 쌓기란 기대할 수 없는 것과 마찬가지로 토익과 토플 문제 풀이로 영어 실력이 향상될 수 있다고 믿는 것은 착각이다.

이제 영어로 일상 대화 가능한 수준에 만족할 수 없다. 자신의 의견을 영어로 조리 있고 아름답게 표현하는 구사력과 상대방을 영어로 설득할 수 있는 고도의 수사학적 수준까지 염두에 둔다면 엉터리 영어(Broken English) 나마 의사 소통만 하면 된다는 과거의 영어 교육 목표는 더 이상 설득력이 없다. 고급 영어 구사력이 토익 토플 문제 풀이로 얻어질 수 있다는 착각은 이제 그만두자. 그렇다면 어떻게 진짜 영어 실력을 향상시킬 수 있을까?

바로 문학 교육을 통해서다. 자신의 생각과 감정을 정연하게 표현해내는 수사학적 능력은 문학 작품을 통해 길러질 수 있다. 우리말의 구사력과 문장력을 기르기 위하여 국어학개론이나 경제원론을 읽지는 않는다. 대신 훌륭한 우리말 문학 작품을 읽으라고 권한다. 마찬가지로 풍부하고 적확한 어휘력과 섬세한 표현력을 기르기 위해서는 영어로 쓰인 문학 작품을 읽는 편이 훨씬 효과적이다. 한영 사전으로는 도저히 찾아낼 수 없는 각기 다른 뉘앙스를 가진 다양한 표현들은 오로지 문학 작품으로부터 얻어질 수 있기 때문이다. 존재의 심연과 신비를 드러내 보여줌으로써 갈등과 대립을 "포월"하는 세계를 지향하는 문학의 본질적 측면이 학생들을 더 이상 매료할 수 없는 것은 매우 불행한 일이다. 그러나 어휘력과 표현력을 길러준다는 기능적인 측면만을 고려한다 할지라도 문학은 매우 유용한 언어 훈련의 도구가 될 수 있다. 따라서 학생들은 토플 토익을 공부하기 보다는 우선 쉬운 영문 소설부터 읽는 편이 훨씬 낫다. (토익 토플은 실제로 시험보기 직전 문제 유형을 익히기 위하여 약 한 두 달 정도만 공부해도 충분하다). 대충 읽고 줄거리만 파악하는 것이 아니라 모르는 단어는 사전을 찾아 외우고 꼼꼼히 해석하면서 공부하라고 권하고 싶다. 그렇게 하면서 문학 작품 자체를 즐길 수 있다면 물론 금상첨화다.

영어로 된 문학 작품을 읽으면서 한편으로 영어의 기초 문법을 공부해야 한다. 두꺼운 영문법 전문 서적을 언어학적으로 공부하라는 말이 아니고, 정확히 말하고 정확히 쓰기 위한 영문법을 위하여 만들어진 간단한 책을 한 권 잘 공부하면 된다. 너무 문법만 공부해서 문법에 질려버린 한국 학생들에게 문법을 강조하는 것이 우스꽝스러울지도 모르겠다. 그러나 학생들을 가르치다 보면 의외로 정확한 문법을 알고 있지 못한 학생이 상당히 많고 그 때문에 영어가 늘지 않는 경우가 허다하다. 영어는 외국어이므로 외국어 배우기는 모국어를 배우는 이치와 과정과는 상당히 다르다. 모국어는 귀납적으로 언어를 배우게 되므로 문법을 따로 공부할 필요가 없다. 그러나 영어는 모국어를 익힌 다음에 배우는 외국어이므로 다소 연역적으로 언어를 익히게 된다. 따라서 문법적 지식은 필수적이다. 단 문법을 위한 문법이 아니라 잘 쓰고 잘 말하기 위한 문법임에는 두말할 나위가 없다.

기초 문법을 바탕으로 영어 문학 작품을 자세히 읽고, 분석하고, 영어로 토론하고, 분석의 결과를 영어 글에 담는다면 영어의 네 가지 기능을 숙달하는 최고의 방식이 될 것이다. 그러나 현실 강의실에서 영어 텍스트를 읽고 분석하기는 그런대로 수월한데, 영어로 토론하는 것은 실제로 매우 어렵고, 영어 글쓰기는 토론보다는 쉽지만 이 역시 쉽지 않다. 그래서 절충안은 우리말과 영어를 섞는 것이다. 글쓰기 과제도 영어와 한국어를 번갈아 요구하는 것이 효과적이었다. 지난 학기 대학원 수업에서 중국인 학생과 캐나다 원어민이 수강하는 바람에 백퍼센트 영어로 강의하고 토론하면서 강의자인 나와 한국인 학생 둘은 실로 진땀을 뺐지만 강의가 끝난 후엔 나름 성취감을 느꼈다. 요즘 학부 학생들의 경우 초등학교 3학년부터 영어를 배운 덕에 영어 표현력이 지난 세대보다 훨씬 자유롭다. 적어도 영어영문과라면 영어로 읽고 듣고 말하고 쓰는 강의도 얼마든지 가능할 것이고 그것이 가능하도록 학생들을 격려할 필요도 있다.

주지하다시피 대학원은 영어학과 영미 문학이 완전히 분리되어 있다. 앞서도 말했지만 나는 영미 문학 전문가로서 영미 문학 대학원 공부에 대해서만 말하려고 한다. 영미 문학 대학원 공부는 학부 공부에서 갈고 닦은 비판적 역량, 영어 역량, 텍스트 분석과 글쓰기 역량을 보다 심화하면서, 학부 공부가 다소 수동적인 역량 훈련에 역점을 둔다면 대학원 공부는 학부에서 다진 역량을 바탕으로 보다 적극적이고 독자적인 연구에 역점을 둔다. 매 학기마다 제출하는 페이퍼를 통해 분석적 연구 논문 글쓰기 역량을 갈고 닦고, 그 역량은 마침내 석사든 박사든 학위 논문에서 최종적으로 열매를 맺게 된다.

많은 대학원생들은 학위 논문을 어떻게 써야 할지 잘 모른다. 어떻게 써야 하는지 배워본 적이 없기 때문이다. 뒤에서 좀 더 자세하게 논의하겠지만, 이 책의 주안점은 학부생과 대학원생들 모두를 위해 연구 논문이 대체 무엇인지, 연구 논문을 어떻게 써야 하는 지에 대해 가이드라인을 제시하는 것이다. 논문을 쓰는 방법에 대한 책은 꽤 많다. 그런데 문학 논문을 쓰는 방법에 대해 구체적으로 설명해주는 책은 드물다. 매학기 문학 강의를 시작할 때마다 첫 강의 시간엔 항상 문학 텍스트를 읽는다는 것이 무엇인지, 문학 텍스트를 읽고 쓴다는 것이 무엇인가에 대해 학생들에게 설명했다. 하지만 말 뿐 글로 남긴 적은 없었다. 글이 없기 때문에 학생들은 강의 후 복습할 수 있는 기회를 갖지 못했다. 처음 접하는 정보는 대개의 경우 스무 번 쯤 들어야 비로소 자신의 지식이 된다. 학생들 스스로 후에 글을 쓸 때 써먹을 수 있을 만큼 체화된 지식이 되려면 그들 안에서 더 오랜 숙성이 필요하기도 하다. 오랜 숙성을 위해 학생들이 되돌아 다시 읽을 수 있도록 이렇게 글로 남긴다.

2장
포스트-영문학
텍스트 소비와 생산 역량 훈련으로 전환

미국 영문학과의 역사

먼저 역사를 살펴보자. 현재 내가 하는 일이 무엇인지 알려면 그 일이 어떻게 시작되었고 어떻게 진행되어 왔는지 그 역사를 살펴볼 필요가 있다. 문학의 역사는 길지만 문학 연구와 교육의 역사는 짧다. 미국의 경우 영문학과가 대학에 설치된 것은 19세기 후반이다. 로버트 스콜즈의 책 『영문학과의 흥망: 영문학을 분과 학문으로서 재구성하기』(*The Rise and Fall of English: Reconstructing English as a Discipline*)에 따르면 영문학 연구는 19세기 말 20세기 초 빠르게 성장했다가 20세기 중반에 하락하기 시작했다.

1767년 예일대에서 처음으로 영어 문법, 언어, 작문 강의가 도입되었다. 1817년엔 "수사학과 연설"(Rhetoric and Oratory) 과목을 위한 교수직이 만들어졌다. 교수직이 생겼다는 것은 해당 과목이 신설되었거나 이미 개설되었던 해당 과목에 대한 수요가 증가했다는 의미일 것이다. 신학 교수직은 1754년에, 수학과 자연 철학 교수직은 1770년에, 교회학은 1777년, 법학은 1801년에, 화학과 자연사는 1802년에, 히브

리어, 그리스어, 라틴어 교수직은 1805년에 만들어졌다. 모두 예일대의 경우다. 1817년에 만들어진 "수사학과 연설학"이 "영문학"으로 진화하면서 마침내 영문학이 학문 분야로 자리잡게 되는 행운이 생겨난다. 1839년에 "수사학과 연설"이 "수사학과 영어"(Rhetoric and the English Language)로 변경된다. 1863년에는 "수사학과 영문학"(Rhetoric and English Literature)으로 다시금 학과명이 변경된다. 이처럼 예일대학에서 영문학이 수사학과 동등한 지위를 획득하게 된 것이 아주 오래된 일은 아니다.

예일대학 뿐만 아니라 예일대학보다 50년 후에 설립되는 로드 아일랜드 대학(Rhode Island College)도 비슷한 경로로 진화한다. 로드 아일랜드 대학은 1804년 오 천 달러를 기부한 니콜라스 브라운(Nicholas Brown)의 이름을 따서 후에 브라운 대학이 된다. 그는 오 천 달러를 기부하면서 그 기부금이 특히 "연설과 순수 문학"(Oratory & Belles Letters)의 교수직을 세울 펀드로 사용되기를 바랬다. 학문으로서 문학에 대한 그의 깊은 애정을 드러냈던 것이다.

"연설과 순수 문학"이 의미하는 것은 무엇일까? 이는 18세기 스코틀랜드 대학에서 아담 스미스(Adam Smith)와 휴 블레어(Hugh Blair)가 강의했던 주제들로부터 비롯된다. 그들은 둘 다 영문학을 그 자체를 위한 연구가 아니라, 점잖은 언어 사용(verbal decorum), 도덕성, 고상한 취향을 습득하는 도구로 활용했다. 브라운대학에서도 같은 방식으로 문학을 활용하려고 했던 것이다. 교회 성직이나 정부 관리로 진출하려면 연설 기술이 필요했고, "연설과 순수 문학"은 이를 준비시키는 교과 과정이었다. 작문 교육이 있긴 했지만 주로 연설을 위한 강의였기 때문에 철자법과 문법은 엉망이었다고 한다. 이런 연설에서는 설득의 수사학적 힘과 문학의 미학적 힘은 둘이 아닌 하나였는데, '말'이야말로 사람들을 움직이고 감동시키는 힘으로 인식되었던 것이다. 다시 말하면 영문과의 전신이 바로 "연설과 순수 문학"이었던 것이다. 그러다가 점점 "연설"이 쇠퇴하기 시작했다. 하지만 19세기 말까지는 큰 변화가 없었다.

하버드 대학이 영문과 교과 과정을 개설하면서 가장 영향력이 컸던 사람은 찰스 엘리어트(Charles W. Eliot)였다. 엘리어트는 1870년 MIT에서 하버드 대학으로 자리를 옮겼는데 엘리어트는 하버드 학생들에게 더 많은 교과목 선택권을 주고자 했다. 많은 저항이 있었지만 1884년 그는 저항을 모두 극복할 수 있었고 그가 만든 '새로운 선택 과목 시스템'은 하버드가 진정한 대학으로 거듭나도록 만드는데 크게 공헌했다. 즉 경직된 교과 과정을 지양하고 다양한 선택의 자유를 학생들에게 부여했다. 다양한 선택은 막 변화하는 세상에 적절하다고 인정받아 많은 대학들이 모방했고 하버드의 변혁은 전국적으로 칭송 받았다. 바로 이런 변화 속에서 영문학과가 지금 현재의 모습대로 대학마다 설립되었다.

한편 다른 대학에서는 다른 형태로 영문학이 자리를 잡게 되었다. 예일대학에서는 1876년 "영문학과 논쟁"(English Literature and Disputation)이란 과목이 그리스어, 라틴어, 수사학과의 신입생 필수 과목으로 지정되었다. 처음에는 두 학기만 필수 과목이었지만 1889년쯤엔 영어 과목이 라틴어보다 많아졌고 그리스어의 두 배가 되었다. 혁명이 일어난 것이다. 브라운대학의 경우도 비슷하다. 브라운 대학의 "연설" 과목은 차츰 "수사학"으로 변화하고 구어 중심적 "수사학"은 문어 중심적인 "영어 작문"으로 변화했다. 20세기에 들어서면서 결국 오랜 역사를 가진 "수사학과"가 "영문과"로 완전히 변모하여 정착된다. 1905년 '연설'을 쓰는 과목들은 이제 '작문' 과목으로 변경된다. 그리고 '작문'을 잘 하기 위한 '문학'으로 관심의 방향을 돌리게 된다. 즉 이제 학생들은 연설을 읽고 연설문을 쓰기 보다는 문학을 읽고 문학 비평을 생산하기 시작했다. 바로 이때가 20세기 "영문학"이라는 학문 분야가 생겨난 지점이다. 학생들은 이제 연설문을 생산하는 자가 아니라, 감히 생산하기 힘든 거인들의 문학 텍스트를 소비하는 자들이 되었다. 스콜즈의 표현에 따르면 교수는 이제 "중개자, 행상인, 사제 같은 주해자" (a middleman, huckster, or priestly exegete)(11)가 된 셈이다.

그리하여 영문학은 브라운, 예일, 다른 대학들에서 20세기 초반 대학의 학문 분과로 자리를 잡았다. 그 후 영문학은 과거 그리스어, 라틴어 전공자들이 대거 합류하면서 계속 성장했다. 영문학은 양적으로 성장하면서 점점 더 전문화되어갔다. 영문학이 학문 분야로 자리 잡고 성장했다는 뜻은 영문학이 스스로 전문적인 '학문 연구'임을 증명할 필요가 생겼다는 뜻이기도 하다. 전문성을 위해 처음에 '서지학'의 형태를 갖다가, 후에는 '신비평', 그 후에는 '문학 이론'으로 변모했다.

'서지학'의 발전은 두 개의 동기로 추동되었다. 하나는 독일 언어학의 영향 하에 보다 과학적이고 독일적이기 위해 시도됐는데 여기엔 아리안적 인종 차별이 없지 않았다. 두 번째 동기는 지적인 엄격함(intellectual stiffening)을 갖춤으로써 고전학이나 과학과 경쟁하고자 했다. 한편 신비평은 문학 연구에 딱히 '자연과학적인 엄격함'은 아니지만, '인문과학적 엄격함'(rigor)을 도입하고자 했다. 이후의 발전은 시계추처럼 오락가락했고 스콜즈에 따르면 구조주의는 문학 연구에 훨씬 더 과학적인 방법을 도입하고자 하고 후기구조주의는 오히려 반과학적인 쪽으로 후퇴시켰다고 말한다(11).

한편 영문학의 연구 대상은 점점 더 많아졌다. 왜냐하면 그 사이 문학 작품들이 계속 생산되었기 때문이다. 그런데 무엇이 문학 작품인가. 문학을 어떻게 정의할 것인가. 스콜즈는 영문학의 역사에서 '문학'이란 단어가 어떻게 변모했는지 추적한다. 16세기의 휴머니스트인 후안 루이스 비베스(Juan Luis Vives)는 1531년 라틴어 문학 뿐만 아니라 다른 지역 언어로 쓰인 문학도 연구하자고 제안했다. 그때 그가 제안한 문학의 범주에는 법, 지리, 역사도 포함되었다. 즉 그 당시의 '문학'은 오늘날의 문학과는 개념이 달랐다. 그러나 18세기에 발달하게 된 순수 문학(belles lettres)이 일종의 전환점이 되어 이제 천재성과 상상력이라는 낭만주의적 문학 개념이 지배하면서 문학은 매슈 아놀드 식으로 "고상한 진지함"을 지닌 개념으로 변화되었다. 즉 문학 개념은 처음에는 그냥 좋은 책이었다가 차츰 우아한 산문으로서 순수 문학을 지칭하는 개념이 되었고, 후에는 상상력이 풍부하고 '고상한 진지함'을 담은 작품으로 변화했다.

문학 교과 과정이 '연설'로부터 '상상적인 문학 연구'로 변화하는데 가장 큰 영향력을 끼친 사람으로 스콜즈는 윌리엄 리온 펠프스(William Lyon Phelps)를 꼽는다. 펠프스는 1883년부터 1887년까지 예일학부를 다녔고 1892년부터 1933년까지 예일대학에서 영문학을 가르쳤다. 펠프스는 『자서전』(*Autobiography with Letters*)에서 이렇게 말한다.

> 내 아버지의 서재에서 테니슨의 시 '모드'(Maud)를 처음으로 읽었던 그 때를 나는 결코 잊지 못할 것이다. 나는 어떤 한 종류의 인간으로 그 방에 들어갔다. 하지만 그 방을 떠날 때는 다른 사람이 되었다.... 나는 그 시에 감사한다. 그 시로 인하여 나는 개종했기 때문이다. 나는 씁쓸함(gall of bitterness)와 속된 사악함의 굴레(the bond of Philistine iniquity)로부터 벗어나 빛의 왕국으로 도망쳤다. 그 시는 위대했다. (145)

펠프스는 영문학이 가장 융성했던 시기의 절정을 상징하는 인물이다. 스콜즈가 학부 신입생으로서 예일대학에 입학했을 때 펠프스는 이미 퇴직했었으나 그의 영향력은 여전했다고 한다. 펠프스는 시가 "자연의 아름다움과 인간의 열정"(the beauty of nature and the passions of man)의 해석자라고 생각했다. 동시에 그가 문학적 이피퍼니 경험을 "개종"이라는 부른 것을 보면 그가 종교적 신념과 시의 기능을 동일시했음이 분명하다. 그가 문학을 가르치는 것은 설교를 하는 것이나 마찬가지로 여겼음직하다. 그는 문학을 유사 경전(quasi-sacred texts)으로 여겼고 면허가 있는 교수나 설교자야말로 "빛의 왕국"으로 들어가는 입구를 밝혀 주고 안내하는 자라고 믿었다. 1828년 영국의 첫 영문학 교수였던 토마스 데일(Thomas Dale)는 런던대학에서 교수직을 시작했는데, 그는 목사로서 기독교의 미덕을 가르치기 위해서 문학 텍스트를 사용하는 것이 자신의 역할이라고 믿었을 정도였다. 펠프스와 데일은 문학을 공부함으로써 더 나은 아빠, 남편, 아들, 오빠, 친구가 될 수 있다고 믿었다. (당시 예일대학에는 남성 밖에 없었다). 또한 문학 연구는 인간성에 대한 지식을 주고, 공감, 관용, 이해를 심화시키리라 믿었다. 그런 능력은 무엇을 하든 사람을 성공하게 만드는 지식이라고 믿었다. 펠프스에게 문학은 윤리이고 종교였다.

하지만 그때엔 이미 신비평이 떠오르고 있었다. 신비평은 펠프스의 윤리적 열정을 버리고 보다 전문적인 독해 방식을 채택하고 있었다. 스콜즈는 신비평의 등장으로 인하여 적어도 펠프스 방식의 영문학은 몰락하기 시작했다고 본다.[1]스콜즈 자신도 한국전에 참여하면서 시집을 소지하고 있었다. 따라서 '윤리적 열정'으로서의 영문학이 신비평적 분석 연구로 전환되는 것이 그에겐 영문학의 쇠락으로 보였던 것이다. 스콜즈의 책(*Rise and Fall*)은 영문학을 쇠락으로부터 구원하려는 노력의 일환으로 쓰인 책이다.

> 나는 영문학의 쇠퇴라는 부르는 현상을 내내 목도해왔다. 그 쇠퇴의 과정에 내가 연루되어 있다. 이 책은 그 쇠퇴에서 빠져나오려는 오랜 노력을 담고 있다. (13)

스콜즈는 영문학의 쇠락이 현대 세계의 변화라는 외부적 요인에 의한 인문학 전체의 하락과 맥을 함께 하며 동시에 영문학 자체 내부적 변

1) 물론 스콜즈는 신비평 역시 펠프스와 흡사하게 선교적 열정을 지녔다고 생각하면서 같은 책에서 존 길로리(John Guillory)의 논문을 요약한다. 길로리는 신비평이 이전 영문학 연구의 선교적 열정을 거부하기보다는 아놀드가 도그마를 문학으로 대체하려고 했던 것처럼 다른 매력적이고 교묘한 대안을 사용한다고 간파한다. 그 대안이 바로 시의 패러독스라고 말한다. 도그마를 패러독스로 대체버렸다고 말한다. 문학이 과학이나 교훈이 되고자하는 야심을 배제하고 순수문학적 순수성을 열망했다는 것이다. 즉, 신비평은 시장의 압박과 엄격한 연구의 압박 바깥에 안전한 장소를 만들려고 했다는 것이다.

화 때문이라고 진단한다.

현대 세계의 변화란 대체로 세 가지로 요약할 수 있다. 첫 번째 인문학이 과학 기술의 발달로 더 이상 대학 학문 분야의 중심이 아니라 마침내 주변으로 물러난 대학 내 서열의 변화다. 종합 대학 내에서 서열 1순위는 언제나 인문대학이었다. 그런데 지금은 1순위를 주장하기가 민망해졌다. 대학조차 연구비 수주를 최우선을 여기는 탓에 대학이 이공계 중심으로 운영된 지 한참 되었다. 우리는 이를 이공계 마인드라고 부른다. 주변에 선다는 것은 관심과 지원의 결여를 의미한다. 관심과 지원이 결여된 채 오랜 시간이 지나면 인재들이 기피하는 분야가 된다. 인재들이 기피하면 분야의 발전이 더딜 수밖에 없다. 영문과의 운명도 인문대학이 주변화된 운명과 동일하다.

두 번째 한때 진리의 담지자로 자처했던 문학은 더 이상 진리와 상관 없는 분야가 되어 버렸다. 하긴 플라톤 시대로부터 시인이란 진리를 복제하고 또 복제하는 자로 보고 이들을 공화국에 불필요한 존재로 여겼다. 아리스토텔레스는 그마나 문학의 카타르시스적 효과를 인정했었다. 낭만주의 시대에 시인은 세상을 창조하는 거룩한 지위로 격상되었지만 이는 막 부상하는 과학에 대한 과잉 저항에 가까웠다. 시간이 지날수록 자연과학이 생산하는 지식만이 진리로 인식된다. 물리학만이 진리의 영역을 다루고 소설은 진리의 영역과 상관이 없다는 생각이 점점더 설득력을 얻어갔다. 진리의 개념이 달라진 것이다. 이는 실험을 통해 증명 가능한 것만이 진리라는 진리 정의 자체의 변화 때문이다. 정교한 반박이 요청된다. 그러나 이것은 이 책의 범위를 넘어서기 때문에 다른 지면에서 다뤄야 한다. 하지만 전 장에서 말했듯이 인문학이 다루는 상호주관적 실재는 원자를 구조를 밝히고 핸드폰의 속도를 가속화하는 것만큼이나 삶의 현실에 직접적으로 연관됨을 부정할 수 없다는 것만 지적하고 넘어간다. 그럼에도 불구하고 갈수록 꽤 많은 사람들이 과학만이 진리를 담지한다고 인식하고 있다.

세 번째 대중 문화의 발달도 큰 변화다. 한때 영화와 TV가 책과 신문을 능가했었다. 그런데 요즘은 핸드폰을 통한 영상매체와 웹툰이 책과 신문은 물론이고, 영화와 TV까지 압도하면서 대중 문화를 선도하고 있다. 그러고 보니 큰 변화 속에서 벌써 오래 전부터 문학은 핸드폰을 매개로 하는 영상 매체의 우월적 지위에 밀려났다. 매슈 아놀드의 시대엔 문학이 문화의 중심이 되는 호기도 있었지만 지금은 누가 보아도 문학은 문화의 중심이 아니다.

과학 기술의 발달에 따라 새로운 매체가 문학을 대체하고 문학이 학문의 중심을 포기하게 된 외부적 영향 하에서 스콜즈는 영문학이 분명 하락하고 있음을 인정한다. 하락의 원인은 외부적 문화 변화가 크지만 그 부분에 대해서는 어찌할 도리가 없고 그냥 인정할 수밖에 없다. "문화적 변화를 변화시키는 것은 영문학의 힘 밖의 일이다"고 말한다. 그런데 스콜즈는 어쩔 수 없는 외부적 힘과 더불어 "영문학의 쇠퇴는 영문학 분야 안에서 일어나는 변화의 결과"라고 말한다. 즉 스콜즈는 영문학자들이 외부의 변화에 제대로 대처하지 못하는 바람에 영미 문학의 쇠락이 더욱 가속화되었다고 믿는다.

외부의 변화란 위에서 언급한 세 가지 측면의 변화인데 그런 변화로 인하여 문학 전공자들에 대한 사회의 기대가 변했다는 것이다. 사회는 문학 전공자들에게 더 이상 "공감, 관용, 이해"와 같은 윤리적 가치를 기대하지 않는다. 영문학 역사에 대한 지식은 이제 더 이상 관리급 전문직의 패스워드도 아니다. 한때 그리스어나 라틴어에 일어났던 일이 영문학에도 일어나고 있었다. 인문학 전공자에게 사회가 요구하는 것은 고분 고분함(docility)과 문법, 신뢰성, 높은 수준의 텍스트 분석 역량이었다. 이 사회는 비판적 스킬과 가치에 침윤되어 현재의 시장과 사법과 입법 체제를 지배하는 자들에게 대놓고 적대하는 인문학자를 원치 않았다. 스콜즈는 문학과 수사학이 문화적 지배 자리를 차지하기 위해 오랫 동안 싸워 왔는데 이제 시계추는 수사학쪽으로 옮겨가고 있다는 증거들이 여러 곳에서 발견되고 있다고 말한다. 스콜즈는 문학으로부터 수사학으로 변화하는 현실은 영문학의 기회이면서 동시에 문제일 수 있다고 말한다.

스콜즈는 영미 문학이 사회적으로 생존하려면 옛날처럼 수사학으로 전회해야 한다고 주장한다. 그럼에도 불구하고 그동안 영미 문학 연구는 사회 변화에 제대로 적응하지 못했다고 주장한다. 20세기 초반 펠프스 같은 교수들은 도그마를 문학으로 바꾸기 위해서 아놀드로부터 힘을 얻고 있었다. 하지만 지금은 아놀드의 가치를 초월적이고 보편적인 가치로 계속 받아들이는 것이 불가능해졌다. 노드럽 프라이(Northrop Frye)는 『비평의 해부』에서 아놀드의 시금석을 분석한 결과, 아놀드의 시금석은 초월적이고 보편적인 가치가 아니라 성경을 문학으로 대체하면서 특정한 사회 계층의 가치에 봉사하고 있음을 밝혀낸다. 프라이는 신비평이 학계의 헤게모니를 잡고 있을 때엔 간과되었던 두 가지를 인지하게 된다. 즉 "문학적 판단은 사회적 판단을 그대로 투사한다"는 것, 또 아놀드의 전통은 "시에서 새로운 성경적 정전"

을 만들어 내려고 한다고 말한다. 스콜즈가 보기엔 펠프스와 아놀드 모두 문학 공부의 본질인 텍스트 리터러시와 동떨어졌기에 현재 사회적으로 변화된 요구를 충족하지 못한다고 주장한다.

펠프스 이후 40년대와 50년대를 지배했던 신비평이든, 70년대 이후 문학 연구자들을 사로잡았던 해체주의든, 모두 예일대를 거쳐서 미국으로 퍼졌다. 스콜즈에 따르면 신비평과 해체주의 모두 빌리 펠프스처럼 기독교 신앙을 바탕에 두고 있다고 통찰한다. 신비평은 문학 외부가 아닌 내부의 분석에 집중했기에 대놓고 선교적이었던 펠프스와는 명백히 달라 보인다. 해체주의 역시 텍스트 밖 외부에는 아무 것도 없다고 선언했던 바 더욱 더 텍스트 내부에 집중했다. 그럼에도 불구하고 신비평과 해체주의 모두 기독교의 그늘에서 벗어나지 못했다고 스콜즈는 주장한다. 바로 그런 이유로 인해서 신비평과 해체비평 역시 문학 연구의 본질에서 멀어졌기 때문에 영문학의 쇠퇴에 기여했다고 주장한다.

신비평과 기독교와의 연관은 존 길로리(John Guillory)가 그의 논문「정전 형성의 이데올로기」(The Ideology of Canon-Formation: T.S. Eliot and Cleanth Brooks)에서 잘 밝히고 있다. 길로리에 따르면 아놀드가 도그마를 문학으로 대체하려고 했던 것처럼 신비평은 영문학의 기독교적 핵심을 거부하기 보다는 매력적이고 교묘한 대안을 제시했다는 것이다. 길로리는 엘리어트가 도그마(doxa)를 패러독스로 대체할 것을 제안했고, 이를 신비평가들이 비로소 제도화했다고 주장한다. 신비평은 시에서 이중적인 의미가 대립하는 긴장의 지점을 발견하려고 했다. 긴장, 역설을 잘 형상화한 시가 훌륭한 작품이었고 이들이야말로 정전이 될 만한 가치를 지닌 작품이었다. 문학의 정전은 굳이 과학적인 진리의 위치를 점유하지 않아도 괜찮았다. 신비평은 세속적 권력이나 야심이 배제된 순수성을 열망했다. 신비평의 기수인 클린스 브룩스(Cleanth Brooks)는 존 단(John Donne)의 시를 정전화했는데, 그 이유는 존 단의 시가 권력이나 진리 주장을 초월했기 때문이었다. 이렇게 순수성 자체를 이데올로기화했다. 또한 "정전을 가르치는 것은 특정한 문학 작품에 권위를 부여하기도 하지만 교수직 자체의 권위를 제도화하려는 의도도 있다"(351)고 길로리는 간파한다. 즉 신비평은 시장의 압박과 학문적 연구의 엄격한 요구라는 압박의 바깥에서 안전한 장소를 만들려는 의도로 기능했다는 것이다. 이 영역은 도그마 없는 성직이었던 교수들에게 안전한 장소였고, 바로 그 곳에서 신이 없는 성스러운 텍스트인 문학을 가르칠 수 있게 된 것이다. 대학이 점점 더 직업 교육으로 몰리게 되면서 영문학과는 "최후의 순수한 리버럴 교육의 요새"(the last, purest bastion of liberal education)가 되었다. 이런 요새에서는 영문학 연구가 아놀드가 원했듯이 "사심 없는" 연구가 되었고 문학성 자체의 근거는 패러독스였다.

그런가 하면 스콜즈가 보기엔 J. 힐리스 밀러(J. Hillis Miller) 등의 학자가 시작한 해체주의도 신비평처럼 "이들 모두는 문학의 초월적 아우라를 빛나게 하려는 절박하고 옹색한(desperate and constricted) 시도였다"(28)고 말한다. 해체주의적 체제에서는 위대한 책이란 가장 충만하게 자신을 해체할 수 있는 책이다. 신비평에서 '패러독스'가 좋은 시의 시금석이었다면 이제 해체비평에서는 '아포리아'가 좋은 시의 시금석이 된다. 패러독스가 아포리아로 대체된다. 문학의 아우라는 이미 사라졌다. 문학의 영광은 희미해졌다. 그런데도 신비평과 해체주의는 엉뚱한 곳에서 과거의 영광을 찾고자 한다. 즉 해체주의 비평가는 펠프스 시대의 상실 때문에 생겨난 문학 연구의 문제를 해결하고자 한다. 그러나 그들이 제공하는 대체물은 영문학의 쇠퇴에 대한 해법을 제시하지 못한다고 스콜즈는 말한다.

디시플린(discipline)으로서 영문학 공부: 로버트 스콜즈

스콜즈는 안팎의 변화로 쇠락하는 영문학 공부를 하나의 분야(field)가 아니라 디시플린(discipline)으로 거듭날 것을 제안한다. 디시플린으로서의 영문학 공부란 학생들이 고전에 대한 지식을 전수받는 교육이 아니라 텍스트를 소비하고 생산하는 말 그대로 역량 훈련을 의미한다. 스콜즈는 영문학 선생의 사명은 "아름다운 영어의 힘과 즐거움을 공유하는 것"(70)이라고 말한다. 이 말에는 흔히 문학이 고양시키는 윤리성, 도덕적 힘, 정치적 변혁 같은 펠프스적 열정은 없다. 나는 여전히 문학에 대한 펠프스적 열정을 지니고 있고 학생들 역시 그런 열정을 가질 수 있기를 희망하지만 그런 희망은 각박한 현실에 처한 학생들에겐 위선적인 요청으로 보인다. 마치 문학 속 주인공들이 아웃사이더, 질서 회의자, 질서 파괴자라는 사실로 인하여 학생들 앞에서 그들을 칭송하면서도 교수자 자신은 그 질서에 잘 안착하고 있지 않은가. 교수자 자신은 대학이라는 보수적 질서에 순응하면서 이제 사회에 진입하는 학생들에게 파괴와 변혁을 외친다면 그것이 위선이 아니고 무엇인가. 여기에 실은 아이러니가 있다. 고정관념의 파괴와 변혁은 중요하다. 따라서 어디까지나 창조를 위한 파괴와 변혁이다. 하지만 교수자는 다소 막연해 보이는 펠프스적 비판적 · 윤리적 열정 이외에도 학생들이 사회에서 한 역할을 담당할 수 있는 실용적인 역량 훈련을 외면할 수는 없다.

스콜즈는 영문학의 전환기에 보다 실천 가능한 실용적인 제안을 한다. 그는 영문학도가 "텍스트적 동물"(textual animal)(73)이 되어야 한다고 제안한다. 우리말 번역이 좀 어색하지만, "동물"이란 말이 함축하는 의미인즉 교양의 상징물로서 고상한 문학, 영적인 고양으로서의 초월적 문학을 공부하는 것이 아니라, 실질적 욕구 충족이 필수적인 내재적 존재성을 전달하기 위해서 "동물"이란 단어를 사용한 듯하다. 실질적 욕구란 현대 사회의 필요를 의미한다.

우리는 예전보다 훨씬 더 텍스트가 많아진 사회(textualized society)에 살고 있다. 인간은 늘 상징적 구조가 매개하는 사회적 맥락에서 살고 있다. 그 상징적 구조인 언어와 세미오틱 체계가 우리 삶에 점점 더 깊숙하게 침투하고 있다. 시민으로서 기능한다는 것은 다양한 모드, 장르, 미디어에 있는 텍스트를 읽고, 해석하고, 비평할 수 있는 능력, 즉 텍스트를 제대로 소비할 수 있는 역량을 필요로 한다.

텍스트 소비 역량과 더불어 텍스트의 생산 역량도 매우 중요하다. 즉 아카데믹한 글쓰기 훈련은 대학에서 다년 동안 자신을 방어하기 위해 배워야 할 뿐만 아니라, 졸업 후 직간접적으로 유용할 일종의 분석적 사유 훈련을 제공한다. 분석이란 복잡한 문제를 나눠서 살펴보는 것이다. 쉽게 말하면 어떤 사람을 평가한다고 치자. 사람도 일종의 텍스트다. 복잡다층적인 한 인간을 한 마디로 평가하기는 힘들다. 그럴 때 우리는 구분해서 보아야 한다. 성격은 어떤지, 건강은 어떤지, 역량은 어떤지, 등등을 나눠 분석한 다음 종합해서 최종적 판단을 내리게 될 것이다. 다른 문제들도 마찬가지다. 이를테면 최근 들어 코로나 때문에 모두가 불안한데 교회들이 방역을 제대로 준수하지 않아서 문제들이 속출했었다. 그러면 사람들은 교회에 대한 부정적 인식을 획일화시켜버린다. 그럴 때 분석적 사유는 교회의 순기능과 역기능을 나눌 것이다. 분석적으로 사유할 수 있다면 그런 점에서 사유의 획일적 폭력으로부터 자유롭게 만든다. 이것이 바로 지성적 사유 훈련이다. 지성적 사유 훈련은 차근 차근 글쓰기를 통해 가능하다. 글쓰기 그 자체가 사유 훈련이다.

아카데믹한 글쓰기는 문제를 사유하고, 사유한 결과를 특정 담론의 형식에 맞춰 쓰고, 전달력을 향상하기 위하여 문법과 수사학을 적절히 잘 활용한다. 스콜즈는 특히 수사학의 중요성을 강조한다. 하버마스는 수사학과 변증을 구분하면서 수사학은 단순하게 세련된 언어기법에 불과하고, 변증은 사물에 대한 진실한 아이디어라고 말하면서 데리다의 철학이 수사학에 불과하다고 폄하했다. 하지만 스콜즈는 수사학이야말로 영문학 교수들이 담당할 수 있는 영역이라고 주장한다. 스콜즈는 알튀세르의 예를 들면서 알튀세르는 유물론과 사회주의를 비판하는 그의 스승들을 흉내냄으로써 그들의 환심을 샀고 결국 유명해졌지만, 그는 오히려 선생들이 공격하는 대상인 공산주의에 관심을 갖고 후에 공산주의자가 되었다. 즉 알튀세르는 선생들의 아이디어에 흡수되지 않고 그들의 수사학만 배운 것이다. 이 에피소드는 통해 스콜즈가 하고 싶은 말은 "선생들이 강의실에서 올바른 아이디어를 가르치는데 지나치게 골몰하면서, 효과적으로 말하기, 듣기, 읽기, 쓰는 방법에 충분한 관심을 쏟지 않"(65)음을 비판하고자 했다. 그러면서 스콜즈는 우리가 강의 시간에 읽을 텍스트를 고르고 학생들에게 숙제를 낼 때 가장 주안점을 두어야 하는 부분은 학생들의 수사학적 역량을 기르는 것이고, 수사학적 역량이야말로 학생들이 필요로 하는 역량이라고 강조한다. 학생들이 "텍스트의 생산자로서 우아하게 쓸 수 있고, 텍스트의 소비자로서 잘 읽을 수 있는 역량에 자신감을 갖도록"(66) 가르치는 것이 영문학 선생의 임무다.

수사학의 중요성을 강조하기 위해서 스콜즈는 자신의 개인 경험을 소개한다. 그는 예일대학을 졸업하고 코넬 대학원에 진학했는데, 대학원이 요구하는 비평 페이퍼를 어떻게 써야 하는지 몰랐다고 실토한다. 나 역시 마찬가지였다. 학부에서는 문학 페이퍼 쓰는 훈련을 받아본 적이 없다. 대학원에 진학했지만 누구도 문학 페이퍼 쓰는 방법을 가르쳐준 적이 없다. 푸코식으로 말하면 특정한 문화적 지위와 특정한 수사학적 과정을 포함하는 소위 담론으로 어떻게 진입하는가의 문제였던 것이다. 스콜즈는 에드문드 윌슨(Edmund Wilson)을 모방하려고 했는데 그의 글은 딱히 아카데믹하지 않았고, 라이오넬 트릴링(Lionel Trilling)은 너무 박식하고 치밀하며 특히 그의 뉴욕적 확신과 엄격함은 스콜즈가 따라 하기 힘들었다고 고백한다. 마침내 M.H. 에이브람스(M.H.Abrams)나 크레인(R.S Crane)으로부터 아카데믹 글쓰기를 터득했고, 박사학위가 끝날 무렵 아우에르바하와 노드롭 프라이를 알게 되었는데 특히 프라이는 스콜즈의 강력한 모델이 되었다. 스콜즈는 항상 문학 작품의 특정한 효과가 어떻게 성취되는지 관심을 가졌다. 텍스트가 어떻게 구성되는지, 보이지 않은 일반적인 구조가 어떻게 작가에게 힘을 발휘하는지에 관심을 가졌다. 그리고 스콜즈는 창작을 원했지만 점차 그 야심을 버리게 되었고 대신 자신의 비평적 작업에서 글쓰기를 중요시함으로써 스스로 타협했다(31).

미국의 영문과는 같은 교강사이면서도 글쓰기를 가르치는 교수와 문학을 가르치는 교수들 간에 이분법적 균열이 있다. 이러한 균열은 쉽게 봉합되기 힘들다. 이 부분에 대한 스콜즈의 결론은 이렇다. "나는 마침내 영문과가 제대로 기능하려면 문학의 타자(the 'other' of literature)로서 작문이 필요하다고 깨닫는다"(35)고 말한다. 과거 문학을 가르치는 사람은 고귀한 성직자이며 신학자였고, 작문을 가르치는 사람은 성직으로부터 배제된 수녀였다고 표현한다. 스콜즈는 문학에 부여된 신비주의적 특권을 부정해 버리고 대신 텍스트의 분석과 생산의 쓸모를 더욱 중시한다.

그렇게 하기 위해서 스콜즈는 비평 이론을 활용한다. 비평 이론을 활용하는 목적은 전통적인 조직을 해체할 뿐만 아니라, 텍스츄얼리티(textuality)라는 개념을 중심으로 교수와 학생이 해야 할 일을 재구성하는 것이다. 이렇게 하면 작문의 이론과 문학의 이론에 차이가 없어지고, 이론과 강의의 차이도 없어진다. 왜냐하면 강의는 이론 강의에 기초하고, 이론은 읽기와 쓰기의 실천이라는 공통된 입장에 놓이게 되기 때문이다. 다시 말하면 우선 좋은 문학 텍스트를 읽고, 의미를 파악하고, 좋은 문학 텍스트로 만드는 요소들을 분석하면서 수사학적 스킬을 훈련한다. 그리고 스스로 분석과 결과를 활용하여, 동시에 분석 대상이

되는 텍스트와 되도록 동떨어진 텍스트를 빌려와서 적절히 인용하면서 자신의 의견을 개진한다. 이때 수사학적 스킬을 활용한다. 이것이 스콜즈가 제안하는 디시플린으로서의 영문과 교육 내용이다.

스콜즈는 영문학의 쇠락이라는 변화에 대처하기 위하여 영문학의 쓸모로서 텍스트의 소비/생산 역량의 훈련을 강조했다. 하지만 나는 1장에서 영문학의 쓸모는 1) 비판적 성찰 역량의 훈련, 2) 영어의 숙달, 3) 텍스트의 분석과 글쓰기 역량의 훈련이라고 주장했었다. 스콜즈가 3번을 특별히 강조한 것은 미국의 국문학으로서의 영문학과, 영어 숙달이라는 교육 목표가 꽤 큰 부분을 차지하는 한국의 영문학 공부와의 차이 탓일 것이다. 1번의 경우 스콜즈는 별 언급이 없지만 텍스트 소비와 생산에 중점을 두었던 탓에 덜 강조되었을 뿐, 비판적 성찰 역량의 훈련은 지극히 당연한 영문학의 본령임이 분명하다. 다만 종래 한국의 영문학 공부에서 1번과 2번만이 강조되었던 현실을 감안하면, 스콜즈도 특별히 강조했던 텍스트 소비와 생산 역량의 훈련 3번은 한국의 영문학 공부가 지향해야 할 목표로서 특별히 주의 깊게 고려해야 할 필요가 있다. 구체적으로 텍스트를 분석한다는 것이 무엇인지, 분석의 결과를 글로 쓴다는 것은 어떤 것인지 설명하기 전에 다음 장에서는 문학 이론을 문학 연구에 활용하는 문제에 대해 먼저 간단히 설명하고자 한다.

3장
영문학 학문하기

영미 문학을 '연구'한다는 것은 무엇인가

문학을 '연구'한다는 것은 무엇일까? 아주 오래 전 영어영문학을 학부 전공으로 선택했고 대학원에서 문학을 공부한 후 그 후 문학 연구가 평생의 업이 되었지만 문학을 '연구'한다는 것이 무엇인지 한동안 명확하게 감이 잡히지 않았다. 애초 문학 작품 읽는 것이 즐거웠기 때문에 문학을 전공으로 선택했었다. 하지만 본격적인 문학 연구는 딜레탕트적 문학 취미나 호사와는 판이하게 달랐고 물론 달라야했다.

앞서 나는 학생들 입장에서 문학을 '공부'하는 쓸모에 대해 말했었다. 하지만 문학 '공부'와 문학 '연구'는 좀 다르다. 어떻게 다를까. 공부는 개인적인 차원의 역량 훈련이지만, 연구는 사회에 기여하는 지식을 생산하는 본격적인 학문 활동을 의미한다. 프롤로그의 표에서 보여 주었듯이 학문 활동으로서의 연구는 학부생, 대학원생, 교수 모두가 행하는 활동인데, 특별히 학부생은 강의 소논문 쓰기를 통해서, 대학원생은 학위 논문을 통해서, 교수는 저널 논문과 저서를 통해 지식을 생산하는 연구를 행한다. 이게 바로 본격적인 학문 활동이다.

그런데 주변의 어떤 분은 문학이 학문일 수 없다고 강력하게 주장했다. 그의 말에 따르면 문학(文學) 글자에 포함된 학(學)은 잘못된 단어라고 했다. 문학이란 묻고 성찰하는 체계적인 학문이 될 수 없다는 주장이다. 세계 각국에 문학이 버젓이 대학의 학문 분야(field)로 자리 잡은 지 150년이 훌쩍 넘었고 한국에서도 최초로 연희전문에 문과(영문학과 포함)가 설치된 지 100년이 넘었거늘 문학은 학문이 아니라는 공격은 짐짓 황당했다.

이 장은 그 분의 공격에 대한 나의 답변이면서 동시에 엄연한 학문 분야인 문학 연구가 제대로 학문다우려면 어떠해야 하는 지, 즉 학문으로서의 문학 연구에 대해서 말하고자 한다. 문학이 학문으로서 지식 생산에 어떻게 기여하는가는 사실상 영미권에서도 오랜 질문이었다. 문학 연구가 사치스러운 호사를 넘어 보다 학문적인 혹은 과학적인 모양을 갖추기 위한 노력으로써 소위 '신비평'이 등장했었고, 이후 문학이 대중 문화에 밀리면서 문학 연구가 문화 연구로 탈바꿈함으로써 학문 연구로써 살아남고자 했다. 문학이 문화 연구로 전회되면서 미국 영문학계에서도 환영과 우려가 갈등하는 논쟁이 진행되었다. 이런 모든 과정들에 대해서 앞으로 구체적으로 논의할 것이다.

'문학'과 '문학 연구' 구분하기

먼저 '문학'과 '문학 연구'를 구분해서 생각할 필요가 있다. 인문학은 문 · 사 · 철로 이뤄져있는데 이때 '문'은 문학을 지칭한다. 그런데 인문학의 '문학'은 창작물로서 문학 작품 생산을 의미하는 것이 아니라, '문학'을 소비하는 것 즉 문학을 감상하고, 분석하고, 연구하는 행위를 의미한다. 즉 인문학으로서의 '문학'은 엄밀하게 보면 '문학 공부' 혹은 '문학 연구'에 해당된다. 요즘은 문학을 생산하는 '문예창작과'가 인문대학에 설치된 경우들이 있기 때문에 사실상 인문학의 한 분과로서 '문학'은 문학 작품을 생산하고 소비하는 양쪽 모두를 의미할 수도 있다. 그러나 적어도 한국에서 영어영문과 안에 문예창작과가 설치된 경우는 없으므로, 영어영문과만 놓고 본다면 영어영문과는 '소비'에 중점을 둔다고 볼 수 있다. 즉 학부와 대학원 모두에 설치된 영미 문학 분야는 기본적으로 '영미 문학 텍스트'을 감상하고, 분석하고, 연구하는 학문 분야다.[1] 뿐만 아니라 문학 연구는 문학 비평 텍스트를 생산한다. 즉 문학 연구는 문학을 소비하면서 비평 텍스트를 생산한다. 문학 비평 텍스트의 생산은 문학 연구의 핵심이다.

그럼에도 불구하고 인문학 내에서 '문학'에 대한 오해가 적지 않다. 앞서 잠시 말했듯이 교직원 식당에서 우연히 만난 한 철학과 교수께서 내게 말했다. 문학(文學)은 '학'(學)이 될 수 없다고 했다. '학'이란 '논

---

1) 한국의 학부와 대학원 영어영문학과는 영어학 전공과 영미 문학 전공으로 크게 나뉜다. 한국의 학부 영어영문학과는 아무래도 영어의 숙달에 교육 목표를 두다보니, 특수하게도 해당 언어숙달에 필요하다고 고려된, 연구방법론이 상이한 두 학문 분야, 즉 영어학과 영미 문학이 동일한 과에 편성되어 있다. 하지만 후에 말하겠지만, 영미 문학도 사실상 언어적 구조물에 대한 연구이기 때문에 영미 문학이 언어학과 무관하다고 결코 말할 수 없다. 그러나 세부적 학문연구에 더욱 치중하는 영어영문학과 대학원에서는 영어학과 영미문학이 거의 따로 운영된다.

리적인 지식 체계'인데 논리적인 지식 체계가 아닌 문학은 '학'이 될 수 없다는 주장이다. 게다가 문학은 영어로 Literature인데 이 때 '춰'(ture)라는 의미는 '학'이 아니라 일종의 건축물(architecture)처럼 '구조물'이라고 강조했다. 다소 문학을 폄하하려는 의도로 보였지만 나는 그 분의 말에 동의하지 않을 수 없었다. 문학이 구조물이라는 사실은 기실 탁견이었고, 내 생각에도 문학은 '언어로 된 미적 구조물'임이 틀림없다. 그러나 그 분은 문학 연구자가 언어의 미적 구조물인 문학을 연구하는 것이지, 그런 구조물을 창조해내는 사람이 아니라는 사실을 이해하지 못했다. 문학교수는 학자가 아니라는 그분의 주장은 분명 틀렸기에 나는 즉시 반박할 필요가 있었다. 불행하게도 순발력이 부족한 나는 공격 받은 그 자리에서 당장 반박할 수 없었다. 다만 그 후 내가 곰곰 되짚어야 할 생각거리를 얻은 셈이다.

만일 인문대학 영문과에 속한 내가 문학이라는 구조물을 '창작'하는 사람이라면 굳이 '학'을 업으로 삼은 학자라고 불리기는 그분 말대로 적절치 않을 수도 있다. 하지만 내가 스스로 학자라고 여기는 까닭은 내가 문학을 '연구'하는 사람이기 때문에 가능할 것이다. 문학을 '창작'하는 사람을 학자라고 하지는 않겠으나, 문학을 '연구'하는 사람은 학자라 할 만하며 문학 연구는 '학문'임에 틀림없다.

그분의 주장대로 '학'이 '논리적인 지식 체계'라면, '문학 연구'는 문학에 대한 논리적인 지식 체계를 갖추고 있기 때문이다. 즉 '문학 연구'는 문학을 문학으로 만드는 것이 무엇인지, 문학의 내적 구조에 대해 연구하고, 개별 문학 작품 텍스트를 해석하며, 전반적인 문학 현상을 이론화하는 작업들을 하는데, 이들 모두가 문학 연구의 논리적 지식 체계를 구성한다. 따라서 이 장이 관심하는 바는 '문학'이 아니라 '문학 연구'임을 먼저 밝히고 시작한다.

'영미 문학 연구'의 문제점

대학은 인간이 생산한 지식 체계를 후대에 전수하고 현실 사회의 문제들을 해결하기 위한 지식을 생산하는 곳이다. 문제들은 산적해 가고 이들을 해결하기 위해 새로운 지식을 생산해야 하는 대학의 사명은 갈수록 준엄한데, 지식의 생존 주기는 자꾸만 짧아지고 게다가 인문학 연구가 생산한 지식은 학자들 자신이 기대하는 만큼 사회적인 인정을 받지 못하는 형편이다. 영문학 연구는 첫째 과학적 엄밀성을 결여하고 있다고 여겨지고 있으며, 두 번째 사회적 문제에 대한 직접적인 해결책을 제시하지 못한다고 여겨진다.

미국 대학에서 영문학 연구는 앞서 말했듯이 지식 체계로서 학문다운 엄밀성을 갖추는 것이 최대의 과제였다. 그래서 서지학적 연구, 신비평 이론, 구조주의, 후기구조주의로 이어지면서 문학 연구의 이론적 체계를 갖추고자 했다. 그리하여 1980년대 이르면 모든 지적 생산물이 해석해야 할 텍스트가 되어 버렸기 때문에 지적 생산물은 자연스럽게 텍스트 해석의 전문가인 문학 연구자들의 영역으로 인식되기 시작했다. 그래서 문학 연구가 다른 주제 영역까지 침범하면서 학계를 점령하고 있다. 그래서 니체, 막스, 프로이트, 데리다, 푸코를 공부하려면, 철학, 심리학, 사회학이 아니라, 영문학과에 가야 한다는 말이 나올 정도다(Abrahms, 124). 어찌 보면 영문학은 **인문사회학 안에서 텍스트 분석의 전문가로서 우위를 점하게 된 셈이다. 텍스트의 표면 뿐만 아니라 텍스트의 심층을 분석하고, 텍스트의 미학적인 구조, 텍스트의 맥락을 분석할 수 있는 문학 연구자는 가히 텍스트 분석의 전문가라 할 만하다. 세상의 모든 것이 텍스트이지만 특별히 문자 텍스트 분석 능력은 문학 연구자를 능가하긴 힘들 수도 있다.**

우리도 역시 비슷한 문제 의식을 공유하면서 영미문학 연구는 학제간 연구와 문화 연구로 확장되기도 하고, 텍스트를 읽는 틀로서 철학, 환경, 페미니즘, 탈식민주의, 정신분석, 심리학과 같은 인접 학문의 성과를 활발하게 차용했다. 이러한 노력들은 과학적 엄밀성을 갖출 뿐만 아니라 사회적 문제에 직접적으로 관여함으로써 문학 연구가 사회 문제와 동떨어진 고답적인 고담준론이 아니라는 것을 증명할 수 있게 되었다.

그런데 문학 연구가 학문적 엄밀성과 사회적 유용성을 증명하려는 과정에서 다른 문제들과 직면하게 되었다. 첫째 문학 연구가 너무 어려워진 것이다. 문학 연구는 전문성과 학문적 엄격성을 빙자하여 연구 개념들은 점점 더 난해해졌다. 미국에서도 같은 문제들이 지적되고 있는데 문학 연구가 새로운 신조어를 남발하면서 접근과 이해가 어려워졌다는 것이다. 지나치게 어려운 신조어와 개념을 사용으로써 심지어 전공자들에게 조차 낯설어지는 것이 문제는 문제다. 그러나 학자들의 연구 결과물이 대중성을 지니긴 어차피 힘들다. 학문이란 자체가 본래 현실을 더욱 정치하게 묘사하고자 하고, 기존의 개념어로 설명할 수 없는 개념, 언어가 없는 개념을 언어로 설명하려다 보니 학문 용어가 어렵고 낯선 것은 어쩔 수 없다. 다만 일부러 어렵게 만드는 것은 경계할 필요가 있다.

영미문학 연구의 두 번째 문제점은 문학 연구가 비약적으로 늘어남에 따라 한 작품에 대해 쓰인 연구를 모두 다 파악하고 새로운 해석을 더하는 것은 거의 불가능해졌다는 점이다. 즉 적어도 텍스트를 해석할 때 해석의 독창성을 증명하기 위해서는 선행 연구를 섭렵하는 것이 필수인데 이미 너무나 많은 연구들이 쏟아져 나왔기 때문에 모든 선행 연구를 읽는 것이 불가능해졌다는 말이다. 이 문제는 갈수록 심각해질 것이다. 학계에서의 생존과 성공이 출판에 달렸기 때문에 출판을 위해서는 차별화된 해석이 필수적이다. 그래서 새로운 이론을 마구 적용하는 사례가 증가했다. 새로운 이론을 텍스트 해석의 틀로써 적용하면 선행 연구와 차별성이 애초부터 보장될 터였기 때문이다.

영미문학 연구의 세 번째 문제점은 학문적 엄밀성과 사회적 유용성을 추구하는 과정에서 무엇보다 문학은 언어로 이루어진 미학적 구성물임을 망각하는 소위 정치적인 논문들이 쏟아져 나왔다는 사실이다. 프랭크 커모드(Frank Kermode), 해롤드 블룸(Harold Bloom), M.H. 에이브람스(M.H. Abrahms), 유진 굿하트(Eugene Goodheart), 존 엘리스(John Ellis), 마사 누스바움(Martha Nussbaum)는 소위 이데올로기적 영문학 연구에 대해 불만을 표한다. 커모드는 당시의 문학 연구들이 "미학적 판단을 허락하지 않는다. 정치적인 것이 전부다. 일상적인 표현이 아니라, 정치적인 것만이 새로운 현학성, 대다수가 이해할 수 없는 현학성이라고 믿고 있으며 결국 비평은 무시당하게 된다..."(xxxiv)라고 불평한다. 굿하트는 문화 연구를 이데올로기적 연구와 잘못 동일시하면서 이런 방식의 문학 연구에 대해 특별히 신랄하게 비판적이다. 굿하트에 따르면 문화 연구는 셰익스피어의 『템페스트』에서 탈식민주의를 논하며, 제인 오스틴이 결혼을 찬양함으로써 가부장제와 어떻게 공모하는지 밝혀내고, 죠셉 콘래드의 『어둠의 심장』을 제국주의적이고 인종차별적인 작품으로 규정하고, T.S 엘리어트는 반유대주의 정서를 노골적으로 드러낸다고 해석하는데, 이런 문화 연구가 문학 연구의 종말이라고 한탄한다. 문화 연구는 문학 안에 억압된 진실이 있으니 이를 해방시켜야 한다고 믿지만 이는 문학 작품을 왜곡한다고 비판한다. 라이오넬 트릴링(Lionel Trilling)이나 레이몬드 윌리엄스(Raymond Williams) 정도의 정치적, 역사적 비평이었다면 커모드나 굿하트가 문화 연구에 대해 그토록 신랄하지는 않았을 것이다. 굿하트는 문화 연구와 이데올로기 비평을 잘못 동일시하면서 이데올로기적 연구를 비판한다. 해롤드 블룸도 현재의 문화 이론을 "전쟁"으로 표현하면서 이제 문학 연구가 "발칸화"(Balkanization)(어떤 나라나 지역이 서로 적대적이거나 비협조적인 여러 개의 작은 나라나 지역으로 쪼개지는 현상을 일컫는 지정학적 용어)되면서 회복 불능이라고 우울한 전망을 내놓는다.

그런가 하면 M.H. 에이브람스는 자신은 전통주의자이지만 낙천적인(cheerful) 전통주의자라고 말한다(127). 현재의 문화 연구가 각 학문 간의 경계를 허물면서 서로 융합하고 있음을 그도 인정한다. 자신도 『자연적인 초자연주의』(*Natural Supernaturalism*)을 쓰면서 철학, 신학 등 다양한 분야를 넘나들었다. 각각의 분야는 분명히 구분되는(distinctive) 특징이 있지만 그렇다고 완전히 분리(division)된 것은 아님을 인정한다. 에이브람스는 문학의 미래에서 대해 커모드나 굿하트보다 훨씬 더 낙관적이다. 전통주의자로서 모든 소수자 인권에 대한 문제는 계몽주의의 전통이 확대된 결과라는 사실을 인지할 때, 전통은 새로움을 흡수하면서 계속 새로운 전통을 만들면서 진보해나갈 것이라고 믿는다.

심지어 좌파의 기수라고 할 만한 스탠리 피쉬(Stanley Fish) 역시 그의 저서 『정치적 올바름』에서 문학 텍스트 비평과 해석이 문학 연구의 핵심이 되어야 한다고 역설한다. 영문학 연구의 중심은 미적 구조물인 시와 소설의 의미가 무엇인지 밝히는 활동인데 영문학 연구가 이로부터 벗어나 정치화되는 시도에 반대한다. 피쉬는 "역사, 언어학, 정치학, 다른 어떤 분야든지 간에 문학 연구에 관여할 수 있지만 문학 연구의 중심에는 문학이 있다"(110)고 말한다.

내 생각에도 문학이 언어로 된 미학적 구성물이라는 전제만 잊지 않는다면 어떤 정치적, 문화적, 역사적, 철학적 해석도 가능하다고 생각한다. 어떤 정치적 해석이든지 간에 문학의 언어적 구성물 안에서 이뤄진다면 문제될 것은 없다. 다만 문제가 될 때가 있는데, 바로 텍스트의 텍스춰, 즉 언어적 배치와 선택에 대해 주의를 기울이지 않은 채 특정 이데올로기나 특정 이론을 임의로 적용하여 자의적인 해석을 구성하는 것이다. **어떤 문학 연구도 가능하지만 텍스트 표면과 이면, 텍스트의 안과 밖에 대한 엄밀한 분석이 곁들이지 않는 문학 연구는 비판의 대상이 될 수밖에 없다.**

세상의 문제가 복잡해지고 따라서 복잡한 문제에 대한 해결도 다각적인 모색이 필요한 시점이기 때문에 연구도 융합적인 연구와 학제적 연구가 필요하다. 그러나 진정한 세계화는 더욱 철저한 지역화와 병행하는 것임을 우리가 깨달았던 것처럼 문학 연구자들도 오히려 철학, 역사, 정신분석, 사회학 등등의 주변 학문 분야에 대한 지식을 폭넓게 사용하되, 이 지식은 텍스트의 분석을 더욱 풍요롭게 하는데 사용되어야 할 것이지 문학 연구가 철학이 되거나 사회학이 되어야 함을 의미하지는 않는다. 즉 자신의 정체성을 더욱 분명히 해야만 진정한 학제 연구, 융합 연구가 될 수 있다는 뜻이다. **문학 연구자가 철학자나 다른 인문학 분야와 다른 강점이 있다면 그것은 텍스트에 대한 분석 능력일 것이다. 문학 연구자의 뛰어난 텍스트 분석 능력이야말로 융합적 접근을 필요로 하는 복잡다단한 문제를 풀어나가는데 문학 연구자가 기여할 수 있는 강점이 될 것이다.**

알레고리적 문학 연구를 지양하며

대략 1980년대 구조주의 이론이 수입되면서 아마도 그때부터 한국의 (영)문학 연구는 서서히 삶에 대한 개인적 의미와 가치를 찾는 연구로부터 멀어지기 시작했다. 말하자면 펠프스 방식의 문학 연구는 거의 사라져 버렸다. 1990년대에 본격적으로 문학 이론들이 수입되면서 (영)문학 연구는 문화 연구를 표방하며 문학 작품에 이론을 마구 대입하는 소위 알레고리적 문학 연구들이 쏟아져 나왔다. 1980년대 초반부터 부쩍 늘어난 유학생들의 대부분이 영미권으로 유학을 떠났고, 그들이 돌아오기 시작한 80년대 후반 90년대 초부터 영미권에서 배웠던 다양한 문학 이론들로 무장하고 돌아온 그들이 다양한 매체를 통하여 이론들을 소개하기 시작했기 때문이다. 포스트모더니즘 이론이 한 바탕 우리 문화를 휩쓸고 지나갔고, 문학 이론의 수입이 전적으로 영미 문화권에 의존하면서 대체로 유물론적 역사주의적 이데올로기 이론들과 페미니즘, 탈식민주의, 생태주의 이론들이 우리의 문학 담론을 점령하다시피 하게 되었고, 영미문학 연구 뿐 아니라 국문학 연구도 그러한 이론들에 크게 영향을 받게 되었다. 영미권에서 그들 특유의 자유와 평등의 이상 실현이 주체 담론으로 구체화되었던 문화적 맥락이 우리의 현실에도 어느 정도 적합성이 인정되었기 때문이기도 할 것이다. 이미 제 3세계 문학론이라는 우리들만의 그야말로 주체 담론이 있었다는 사실은 좀 더 이론적으로 강력한 탈식민주의가 설득력을 얻을 수 있는 필연적 맥락이 우리에게 있었던 것이고, 페미니즘 역시 문학을 생산하고 소비하고 연구하는 인구의 태반을 차지하는 여성들이 한창 주체로서의 인식을 더해가던 중에 반가운 이론이 아닐 수 없었다. 그 외 유물론적 역사주의 이론의 계급적 담론 역시 산업화의 경제적 풍요에서 제외되었던 소외 계층의 의식화로 인해 70년대 민주화 투쟁에서부터 이미 우리에게 낯설지 않았고 오히려 강력한 이론적 근거를 마련해주었다. 생태 이론 역시 인류가 당면한 환경 문제에 대한 문학적 대안 찾기라는 측면에서 우리에게도 분명 시의적절했다. 이렇게 문학 연구가 이론 일색이 되어버린 데는 수입 이론들이긴 하지만 이론들이 제기하는 문제 의식이 나름대로 우리가 가진 문제들과 맞아떨어지는 범지구적인 측면이 있었기 때문임에 틀림없다.

또한 문학 연구가 이론 일색이 되어버린 까닭은 학문으로서의 문학하기는 적어도 일반 독자들 수준의 독후감이나 소위 서평과는 분명히 달라야 한다는 학자들의 강박감이나 시대적 요구 때문이었다. 서구에서도 문학 연구가 대학의 한 학문 분과가 된 것은 철학이나 신학에 비교해 보면 19세기 말 혹은 20세기 초쯤 최근의 일이지만, 우리 나라에서 문학 연구가 인상적인 독후감 형태에서 탈피하여 학문이 된 것은, 인문학이 인문과학이 되고, 문학 연구도 좀 더 실증적 연구가 되어야 한다는 시대적 요구가 대두하면서 때마침 수입된 이론은 문학 연구가 가설을 세우고 그 가설에 대한 증거를 텍스트 안에서 찾아 증명하는 자연과학적 실증적 방식을 자연스럽게 채택하면서부터다. 문학이 학문이 되기 위해서는 이론이 꼭 필요했던 것이다.

물론 하나의 현상이 일어나는 데는 한 가지 변수가 아니라 여러 가지 변수가 복합적으로 작용하는 것이기 때문에, 우리의 문학 연구가 이론의 적합성에 대한 증명으로 변질된 까닭이 그리 단순하지는 않을 것이다. 어쨌거나 그 때문에 학문으로서의 문학 연구는 알레고리적인 문학 연구로 변질되었다고 나는 생각한다. **알레고리적 문학 연구**란 노드롭 프라이의 용어인데 간단히 말하면 귀납적 연구가 아니라 연역적 연구를 말한다. 내가 생각하는 학문이란 흩어져 있는 개별적 현상들을 관찰하고 이를 종합하고 일반화하는 연구다. 즉 학문은 귀납적일 수밖에 없다. 귀납적 학문의 결실이 이론이다. 시간이 지나면서 이론에 맞지 않는 개별적 현상이 발견된다면 이론이 보다 보편적이기 위하여 이론은 계속 수정되어질 것이다. 그리고 이론은 개별적인 현상을 큰 맥락에서 깊이 이해할 수 있게 만들어준다. 그것이 이론의 효용성이다. 즉 학문 활동을 통해 만들어낸 이론으로 우리는 개별적인 현상이 왜 일어나는지 어떻게 일어나는지 알게 된다. 이렇게 학문 활동은 귀납적으로 이론을 만들어내는 것이 주를 이루지만, 이론을 개별 현상에 적용해보는 단계도 물론 포함된다. 하지만 연역적으로 이론을 현상에 적용해보는 것은 이론의 적합성을 증명하기 위한 학문 활동의 마지막 단계이지, 적합성 증명 자체가 학문 활동의 온전한 전체가 되는 것은 아니다. 그럼에도 불구하고 이미 수입된 이론을 문학에 적용해 보는 것, 이것이 바로 알레고리 비평인데, 알레고리 비평이 문학 연구라는 우리네 학문 활동의 거반을 차지하게 되었다는 것은 분명 문제다.

알레고리 비평의 맹점은 새로운 결론이 나올 수 없다는 사실이다. 언제나 같은 결론만을 얻게 된다. 사실상 어느 텍스트든지 특히 문학처럼 상징적인 텍스트들은 언제나 맘만 먹으면 보고 싶은 것만 골라볼 수 있다. 그것이 바로 사고의 이데올로기적 특성임에 틀림없다. 그리하여 영미문학 연구와 우리네 문학 연구들은 어느 작품이 대상이든지 간에 인종, 성, 계급, 생태 이론을 적용해서 늘 같은 결론을 얻게 된다. 문학 작품은 다양한데 문학 연구는 인종 성 계급에 관련된 결론만 재생산된다. 왜냐하면 작품을 읽기도 전에 이미 인종 성 계급의 이론을 가지고 있었고, 연구는 단지 이론을 증명하는 과정이었기 때문이다. 또한 이미 주된 담론이 되어버린 인종, 성, 계급 이론들은 문학 작품을 더 이상 개인의 내밀한 이야기가 아니라, 사회적 역사적 이론을 증명하기 위한 단순 문서 내지는 사료 정도로 전락시켜 버린다.

학문은 이론을 생산하는 것임에도 불구하고, 단순히 이론을 문학에 적용하는데 그치는 것이 우리들 학문하기의 큰 문제다. 그런데 또 다른 문제가 있다. 그 문제는 한 술 더 떠서 이론의 적용만이 학문이라는 몰상식한 오해가 특별히 문학 연구자들 사이에 팽배하다는 사실이다. 물론 개별 문학 작품 연구에서 이론의 적용이 필요한 때가 있긴 하다. 즉 문학 텍스트에서 연구자 개인의 상상력만으로는 설명하기 힘든 어떤 개별적 현상이 있을 때가 있다. 이때 일반화된 이론을 빌리면 도무지 이해하기 힘들었던 등장 인물들의 심리 상태나 행위들을 깊이 이해할 수 있게 된다. 즉 이론은 문학을 깊이 볼 수 있게 만들어 준다. 그럴 때에 이론은 유용하게 사용될 것이다. 하지만 문학 작품이 라캉, 들뢰즈, 제임슨 등 그들 이론이 얼마나 훌륭한 지 증명하기 위해서 문학 작품이 있는 것은 아니다. 그런데도 불구하고 거물들의 이름을 거론하지 않거나 잘 나가는 이론들을 (사용하는 것이 아니라) 증명하지 않으면 문학 연구가 아니라고 생각하는 분들이 많으니 뭔가 잘못되어도 한참 잘못 된 듯하다. 문학 연구는 귀납적 학문인데도 작품을 읽기 전부터 결론을 미리 정해 놓고 국화빵 찍어내듯 매번 똑같은 결론을 맺은 연구는 부질없다. 알레고리적 문학 연구는 진정 지양될 필요가 있다.

4장

문학 텍스트 분석하기와 글쓰기: 문학 논문 쓰기

영어영문학 공부는 비판적 지성을 연마하고, 상상력을 교육하며, 의미의 추구를 추동하는 효용성이 있다. 그러나 영문학 공부가 보다 실용적인 역량을 함양해야 한다면, 그것은 영어의 숙달뿐만 아니라 문학 텍스트를 분석하고 분석에 기반하여 글을 쓸 수 있는 역량이라고 앞서 주장했다. 주지하다시피 텍스트 분석과 글쓰기는 단순한 기능은 아니다. 지성과 상상력과 소양을 기반으로 할 때 분석은 더욱 예리해지고 글쓰기도 더욱 풍성해짐은 두말할 나위가 없다. 문학 논문은 예리하게 연마된 지성과 상상력과 소양, 텍스트 분석력과 수사학적 역량이 결집되고 총체적으로 발휘되는 문학 연구의 총화다. 연구 활동의 성패는 논문의 질, 즉 독창적 아이디어와 더불어 독창적 아이디어를 전달하는 수사학적 역량에 달려있다. 수사학적 역량이란 정확한 문법, 선명함, 기술(artifice) 뿐만 아니라, 푸코식의 담론, 즉 특정한 문화적 지위와 특정한 수사학적 과정을 포함하는 문학 담론의 형식을 파악하고 활용하는 것까지 의미한다.

문학 논문이 그토록 중요함에도 불구하고 우리는 대학원에 들어와서 조차 문학 논문이 무엇인지 제대로 감을 잡지 못하는 경우가 허다하다. 앞서 언급했듯이 문학 연구의 거장인 로버트 스콜즈 조차 대학원에서 학문적 담론에 걸맞는 논문 양식을 알지 못해서 헤맸다고 하니 초중고대 전교육과정에서 논문 쓰기 교육이 전무했던 상황에서 성장한 우리들은 오죽할까.

그나마 대학 입시에 논술이 도입된 이후 소수의 학생들이 논리적 글쓰기에 대한 교육을 받긴 하지만 대다수는 큰 관심을 두지 않는 형편이다. 오래된 세대 축에 속하는 나는 더더욱 초등 교육부터 대학원 교육까지 국문이든 영문이든 논문 쓰기라는 교육을 받아 본 적이 없다. 논문 쓰기는 커녕 일반적인 논설문 형태 글을 쓰는 훈련조차 받아 본 적이 없다. 대학 시절 대학 작문이 있긴 했지만, 요즘처럼 체계적인 글쓰기 교육이 아니었다. 교수는 무작정 아무거나 써보라고 했다. 내 자신 배움의 속도가 느린 탓도 있었겠지만 무작정 아무거나 쓰는 글쓰기 교육은 효율성이 떨어졌다. 애석하게도 글쓰기 요령과 방법을 차근 차근 가르쳐 주는 수업은 당시 어디에도 없었다. 천만다행으로 대학교 3학년 때 영어 작문 시간에 서론, 본론, 결론을 갖추는 글쓰기 교육이란 것을 생전 처음 받아 보았으니 우리의 글쓰기 교육이 얼마나 열악했었는지 아쉽기만 하다. 그래도 그 강의 덕택에 미국 석사와 박사과정을 꾸역꾸역 그런대로 잘 마칠 수 있었다. 미국 대학원에 진학했을 때 다른 학생들은 학부 시절 이미 논문 쓰기에 대한 충분한 선행 교육을 받았는지 크게 힘들이지 않고 페이퍼를 제출하곤 했다. 그런데 나는 문학 비평 페이퍼가 무엇인지 도무지 요령부득이었다. 하는 수 없이 다른 논문들을 읽으면서 스스로 논문 쓰기 방식을 거의 독학하다시피 터득해야 했다.

정말 스스로 터득하는 방법 밖에 없는 것일까. 그렇지 않다. 나중에 알게 되었지만 미국은 체계적인 글쓰기 교재가 아주 많다(내가 아는 사례가 미국 밖에 없다. 경험의 한계니 이해바람). 문학 연구 논문을 쓰는 방법에 대해서도 체계적으로 접근하는 안내서들이 많다. 이 장은 이미 출판된 안내서들을 참고하고, 나의 개인적인 경험들을 통해 나름 터득한 문학 작품 분석 방법, 분석을 글로 쓰는 방법에 대해 간단한 안내를 제공하고자 한다. 우리 학부생들과 대학원생들을 위해 문학 논문을 쓴다는 것이 무엇인지 간단하게 알려 주고 싶었다.

간단한 안내를 지식으로 알기만 하는 것은 아무런 의미가 없다. 반복적인 훈련을 통해 체화하는 것이 필요하다. 영어영문과 학부와 대학원 모든 강의는 학생들이 아카데믹한 글을 쓰는 반복적인 훈련을 제공한다. 매 강의마다 글쓰기 연습을 함으로써 학생들은 영어영문학과가 연마하는 텍스트 분석과 글쓰기 역량을 잘 훈련할 수 있게 될 것이다.

문학 논문 글쓰기 샘플을 제시할 필요가 있을 때엔 모두 내 글을 활용했다. 저작권 문제로 다양한 글을 발췌하기가 힘들었기 때문이다. 여기서 활용되는 내 글 중 한 개를 제외하고는 출판된 적이 없음을 밝힌다.

문학 작품 분석하기

나는 오래 전 '토론하라'(discuss) '논의하라'(argue)라는 주문이 대체 뭘 하라는 뜻인지 감이 잡히지 않았다. **두 단어는 대체로 정해진 주제나**

텍스트에 대해 시비를 따진 다음 결국 자신의 의견을 말하라는 주문이다. 그런데 시비를 어떻게 가려야 할지 어떻게 내 의견을 정리하고 피력할지, 어릴 때부터 그런 교육을 받아보지 못한 나는 이런 주문들에 응하기가 상당히 어려웠다. 시비를 따지는 것은 무례하고, 내 의견을 말하는 것은 건방진 태도라는 문화적 습관과 인식이 몸에 밴 탓이었다. 다시 말하면 토론과 논의란 일단 토론과 논의의 대상이나 주제를 충분히 이해하고, 이해를 바탕으로 자신의 의견을 피력하라는 뜻이다.

문학 텍스트가 토론과 논의의 대상이 될 때에도 똑같다. 문학 텍스트를 잘 이해하고 그 이해를 바탕으로 자신의 의견을 피력하는 것이 문학 토론이고 문학 논의다. 그런데 잘 이해한다는 것이 무엇인가. 문학 텍스트를 잘 이해한다는 것은 **문학 텍스트의 '의미'가 무엇인지 이해하는 것이다**. 물론 텍스트의 '의미'는 사람에 따라 제각각 다르기 마련이다. 각자의 문화적 배경, 성장 배경, 종교적 배경, 역사적 배경에 따라, 또 각자의 계층, 인종, 성에 따라 문학 텍스트의 의미는 천차만별일 수 있다. 심지어 텍스트를 읽는 주체가 한 사람이어도 어릴 때 읽을 때와 먼 훗날 나이가 들어 읽을 때 텍스트의 '의미'는 얼마든지 달라질 수 있다. 그런 맥락에서 텍스트의 의미(meaning)는 고정되지 않는다.

텍스트 자체의 '의미'는 고정되지 않는다 해도 지금 나에게 텍스트가 무엇을 의미하는가를 파악하는 것은 가능하다. 비록 내가 구성한 텍스트의 의미가 텍스트 자체의 가장 객관적인 해석은 아닐지라도 나만의 의미를 갖는 것이 불가능하지는 않다. 텍스트를 이해한다는 것은 텍스트에 대한 나만의 이해가 있다는 뜻이다. 제각각의 의미들이 모이면 어쩌면 텍스트의 객관적인 의미라는 것이 생길지도 모른다. 그리고 시간이 흐르고 텍스트에 대한 해석의 수가 증가한다면 텍스트의 의미는 더욱 풍성해질 것이다.

그렇다면 과연 어떻게 나는 텍스트의 '의미'를 알 수 있을까? 문학 텍스트는 '언어로 된 미학적 구조물'이다. 이 구조물이 어떤 의미를 갖는지 어떻게 알 수 있을까? 이 언어 구조물은 대체로 규모가 거대해서 한 눈에 들어오지 않는다. 소설의 경우는 처음부터 끝까지 읽어야 해서 투자하는 시간의 규모도 크다. 그래서 절대로 단번에 의미를 통찰하기는 힘들다. 게다가 이 구조물은 속이 잘 들여다 보이지 않는 경우가 허다하다. 내부가 보일 듯 말 듯, 신비로운 베일을 건물 위에 통째로 혹은 띄엄띄엄 씌워 놓을 수도 있고, 아예 두툼한 장막을 쳐버리고 도저히 접근 불가능한 내부 깊숙한 곳에 텍스트 전체의 속내를 숨겨놓고 바람이 불 때마다 가끔씩 슬쩍슬쩍 향기만 풍길 수도 있다.

대체 왜 문학은 직설적으로 이해 가능하도록 쉽게 쓰이지 않는단 말인가. 문학은 그냥 구조물이 아니다. 문학은 언어의 '미학적' 구조물임을 기억하자. 문학은 아름다움을 추구한다. 언어로 된 구조물인 문학은 아름다워야 문학이다. 물론 '아름다움'도 정의는 매우 다양할 수 있다. 소위 추함도 아름다울 수 있지만 그래도 아름다움에 대한 공감의 수위가 있긴 하다. 사람마다 입맛이 제각각이어도 대다수가 인정하는 맛집이 있듯이 아름다움에 대한 정의가 제각각이어도 대다수가 인정하는 아름다움이 있긴 하다. 물론 아름다움의 준거는 시대와 문화에 따라 다르다. 여기에서 아름다움의 준거를 말하려는 것은 아니다. 단지 어떤 준거에 의한 것이든 분명 문학은 미학적 구조를 추구한다는 사실을 강조하려고 한다. 문학이 굳이 대놓고 말하지 않고 에둘러 말하는 이유는 표현하고픈 대상이 표현 불가능한 까닭에 에둘러 말할 수밖에 없을 때도 있겠지만, 진짜 이유는 에둘러 말하는 것이 아름다울 때가 많기 때문이다. 마치 에두른 성애 장면이 훨씬 아름다운 환상을 자극하는 것처럼 말이다. 포르노는 아름답지 않다. 적나라하게 드러난 몸은 즉물적 불쾌함을 준다. 적나라한 몸은 유한성과 동물성을 상기시키기 때문이다. "나는 외로워"라고 대놓고 말하는 것보다 "나는 겨울나무의 마지막 잎새"라고 비유를 통해 말하는 편이 외로움을 훨씬 더 효과적이고 아름답게 전달한다. 때로는 에두르는 것이 그 아름다움으로 인하여 전달의 효과가 증가한다. 결국 아름다움 자체도 의미를 잘 전달하기 위한 수사학적 수단이기도 하다. 아름다운 것은 눈길을 끌기 마련이니까. 글의 리듬이 아름다워야 독자는 글을 읽을 것이고 그래야 비로소 글의 의미가 전달될 테니까 말이다.

그렇다면 언어로 에둘러 표현된 미적 구조물을 어떻게 이해할 것인가? 규모가 크고 복잡해서 한 눈에 접근 가능하지 않은 구조물은 필시 나눠서 봐야 한다. 나눠 보기, 바로 분석하기다. 예를 들어 사람도 일종의 텍스트인데, 사람이라는 텍스트를 이해하려면 그 대상을 나눠서 봐야 보인다. 그 사람의 성격은 어떤지, 직업은 무엇인지, 가족은 어떤 지, 친구는 누구인지 등등 나눠서 본 다음 분석을 최종적으로 종합해야 이해 가능하다. 복잡한 대상은 나눠 해석하는 것이 필수다.

나눠보기, 분석하기는 모든 복잡한 대상을 이해할 때 매우 효과적인 이해 방식이다. 분석은 지성적 판단의 필수 요건이다. 예를 들어 코로나 팬데믹이 거의 2년 가까이 지속되면서 종교 활동이 감염의 온상이 되었던 적이 종종 있었다. 그때마다 사람들은 종교를 싸잡아 비난했다. 종교는 민폐만을 끼친다는 획일적 비난 일색이었다. 그러나 종교라는 복잡하고 다층적인 현상은 나눠서 분석해야 제대로 보인다. 때로는 평면적이 아닌 입체적 분석이 필요할 때도 있다. 종교 현상을 분석할 때 가장 손쉬운 방법은 종교의 역기능과 순기능을 구분하는 것이다. 종교를 싸잡아 비난하는 사람들은 종교의 역기능만을 편향적으로 보았기 때문에 다른 순기능에 대해서는 눈을 감아버린 것이다. 다각적, 다층적 분석을 통해서만 지성적 판단이 가능하다. 세상만사 복잡 다단하지 않은 것이 없으니, 나눠보기, 분석의 역량은 만사를 이해하는데 필수적인 역량임에 틀림없다.

문학 텍스트도 마찬가지다. 복잡한 구조물인 문학 텍스트도 다각적이고 다층적으로 나눠 보기가 필수적이다. 문학 텍스트를 나눠 본다는 뜻은 몇 가지 단계가 있다. 문학 텍스트는 소설, 시, 희곡과 같은 다른 종류의 문법을 가진 텍스트로 구성된다. 여기서는 주로 소설 텍스트에 대해 말하기로 한다. 문학 소설 텍스트의 읽기는 크게 세 단계로 나눌 수 있다. 처음에는 문학을 주관적으로 경험하기, 두 번째 분석하기, 세 번째 평가하기로 나눌 수 있다. 두 번째 과정이 본격적인 텍스트 분석이지만 첫 번째 텍스트 경험하기와 세 번째 평가하기도 텍스트 분석에 필수적인 과정이다.

소설 읽기 – 경험하기, 분석하기, 평가하기

1) 경험하기

흔히 학부나 대학원에 들어 와서 문학을 '연구'해야 한다는 부담 때문에 문학 작품 읽는 재미를 상실했다고 말한다. 그러나 우리는 무엇보다 재미를 위해서 문학 텍스트를 읽는다. 문학 작품은 재미있어야 한다. 재미가 없으면 그 소설은 실패다. 소설 중 살인자가 누구인지 궁금하거나, 다음 장에 어떤 일이 벌어지는가가 궁금해서 계속 읽기를 멈추지 않는 서사적 재미도 재미지만, 소설이 주는 재미는 서사적 재미 그 이상이다. 존재가 확대되는 재미, 지성을 연마하는 지적 재미, 미적 구조물의 구조적 완성도로부터 나오는 미학적 재미 등등, 재미 없이 문학 작품을 읽기는 힘들다. 결국 문학 텍스트를 읽는 재미는 텍스트의 서사가 제공하는 즉각적 재미 이외에도 우리 자신에 대한 이해를 확장하고, 삶에 대한 이해를 심화시키는 즐거움까지도 포함하는 재미다.

문학을 경험한다는 것은 이야기에 대한 주관적인 반응이다. 문학 작품에 대해 독자 자신이 느끼는 재미를 말한다. 소설의 어떤 점이 재미 있었는지, 재미가 없었다면 왜 재미가 없었는지, 이에 대한 의견이 있다면 그것이 문학을 '경험'한 결과다. 문학에 대한 주관적인 반응은 사람마다 다르다. 사람들이 모두 유전적으로 다를 뿐만 아니라 성장 배경도 다르고, 종교적 신념과 문화적 관습이 제각각 달라서 텍스트는 다양한 반응을 일으킬 수 있다. 앞서 말했듯이 한 개인도 지금 어떤 기분인지에 따라 반응이 다르고 삶의 초반인지 후반인지에 따라 반응이 다르다. 문학의 경험이 주관적이라고 해서 보다 객관적인 분석과 딱히 분리되지 않는다. 객관적인 분석조차 실은 주관적일 가능성이 많기 때문에 작품에 대한 주관적인 반응은 결국 객관적인 분석과 작품 의미를 결정하는데 매우 중요한 역할을 한다. 그렇다면 문학 작품을 경험한다는 것이 무엇인지 짤막한 이야기를 예로 들어 설명하고자 한다.

여기 케이크 쇼팽의 단편 소설 "한 시간의 이야기"(The Story of an Hour)가 있다. 이 작품은 1894년 4월에 쓰인 작품이고 같은 해 12월 "한 시간의 꿈"(The Dream of an Hour)라는 제목으로 『보그』(*Vogue*)에 처음 출판되었다. 한 시간이란 주인공 루이스 말러드가 남편의 죽음을 알게 된 순간부터 남편이 죽지 않고 현관에 들어선 순간까지, 그로 인해 말러드 부인이 심장마비로 죽게 되는 순간까지의 시간을 일컫는다. 짤막한 글이지만 구조가 치밀하고, 주인공의 감정 변화가 섬세하고 군더더기 없이 묘사되었으며, 적절한 복선 제시로 결말의 개연성을 높이고, 페미니즘 의식적 각성을 효과적으로 전달하는 수작이다. 이 문학 작품은 단순히 의미를 전달하는 신문 기사나 논설문이 아니기 때문에 텍스트의 표면 즉 텍스츄얼러티(textuality) 자체도 의미를 구성한다. 그래서 원문으로 텍스트를 제시한다.

The Story of an Hour

Kate Chopin

[1] Knowing that Mrs. Mallard was afflicted with a heart trouble, great care was taken to break to her as gently as possible the news of her husband's death.

[2] It was her sister Josephine who told her, in broken sentences; veiled hints that revealed in half concealing. Her husband's friend Richards was there, too, near her. It was he who had been in the newspaper office when intelligence of the railroad disaster was received, with Brently Mallard's name leading the list of "killed." He had only taken the time to assure himself of its truth by a second telegram, and had hastened to forestall any less careful, less tender friend in bearing the sad message.

[3] She did not hear the story as many women have heard the same, with a paralyzed inability to accept its significance. She wept at once, with sudden, wild abandonment, in her sister's arms. When the storm of grief had spent itself she went away to her room alone. She would have no one follow her.

[4] There stood, facing the open window, a comfortable, roomy armchair. Into this she sank, pressed down by a physical exhaustion that haunted her body and seemed to reach into her soul.

[5] She could see in the open square before her house the tops of trees that were all aquiver with the new spring life. The delicious breath of rain was in the air. In the street below a peddler was crying his wares. The notes of a distant song which some one was singing reached her faintly, and countless sparrows were twittering in the eaves. There were patches of blue sky showing here and there through the clouds that had met and piled one above the other in the west facing her window.

[6] She sat with her head thrown back upon the cushion of the chair, quite motionless, except when a sob came up into her throat and shook

her, as a child who has cried itself to sleep continues to sob in its dreams.

[7] She was young, with a fair, calm face, whose lines bespoke repression and even a certain strength. But now there was a dull stare in her eyes, whose gaze was fixed away off yonder on one of those patches of blue sky. It was not a glance of reflection, but rather indicated a suspension of intelligent thought.

[8] There was something coming to her and she was waiting for it, fearfully. What was it? She did not know; it was too subtle and elusive to name. But she felt it, creeping out of the sky, reaching toward her through the sounds, the scents, the color that filled the air.

[9] Now her bosom rose and fell tumultuously. She was beginning to recognize this thing that was approaching to possess her, and she was striving to beat it back with her will--as powerless as her two white slender hands would have been. When she abandoned herself a little whispered word escaped her slightly parted lips. She said it over and over under her breath: "free, free, free!" The vacant stare and the look of terror that had followed it went from her eyes. They stayed keen and bright. Her pulses beat fast, and the coursing blood warmed and relaxed every inch of her body. She did not stop to ask if it were or were not a monstrous joy that held her. A clear and exalted perception enabled her to dismiss the suggestion as trivial.

[10] She knew that she would weep again when she saw the kind, tender hands folded in death; the face that had never looked save with love upon her, fixed and gray and dead. But she saw beyond that bitter moment a long procession of years to come that would belong to her absolutely. And she opened and spread her arms out to them in welcome. There would be no one to live for during those coming years; she would live for herself. There would be no powerful will bending hers in that blind persistence with which men and women believe they have a right to impose a private will upon a fellow-creature. A kind intention or a cruel intention made the act seem no less a crime as she

looked upon it in that brief moment of illumination.

[11] And yet she had loved him--sometimes. Often she had not. What did it matter! What could love, the unsolved mystery, count for in face of this possession of self-assertion which she suddenly recognized as the strongest impulse of her being!

[12] “Free! Body and soul free!” she kept whispering.

[13] Josephine was kneeling before the closed door with her lips to the keyhole, imploring for admission. “Louise, open the door! I beg, open the door--you will make yourself ill. What are you doing Louise? For heaven's sake open the door.”

[14] “Go away. I am not making myself ill.” No; she was drinking in a very elixir of life through that open window. Her fancy was running riot along those days ahead of her. Spring days, and summer days, and all sorts of days that would be her own. She breathed a quick prayer that life might be long. It was only yesterday she had thought with a shudder that life might be long.

[15] She arose at length and opened the door to her sister's importunities. There was a feverish triumph in her eyes, and she carried herself unwittingly like a goddess of Victory. She clasped her sister's waist, and together they descended the stairs. Richards stood waiting for them at the bottom.

[16] Some one was opening the front door with a latchkey. It was Brently Mallard who entered, a little travel-stained, composedly carrying his grip-sack and umbrella. He had been far from the scene of accident, and did not even know there had been one. He stood amazed at Josephine's piercing cry; at Richards' quick motion to screen him from the view of his wife.

[17] But Richards was too late.

[18] When the doctors came they said she had died of heart disease--of joy that kills.

질문 1: "재미 있었나요?"

이 작품을 강의 시간에 학생들과 원어로 읽을 때, 특별히 이 작품에 대한 학생들의 반응은 개인적 신념, 문학적 소양이 있는가, 젠더 의식이 있는가에 따라 다양하다. 내가 제일 먼저 던지는 질문은 항상 "재미 있었어요?"다. 대체로 예의바른 우리 학생들은 거의 모두 고개를 끄덕인다. 그러면 다시 묻는다.

질문 2: "어떤 점이 재미 있었나요?"

다음 질문은 "어떤 점이 재미 있었어요?"다. 그러면 학생들의 표정은 생각하는 모드로 바뀐다. 더러 자신의 의견을 용감하게 밝히는 학생도 있긴 하지만 대다수는 내가 답변을 요구할 때까지 잠자코 침묵한다. 할 수 없이 무작위로 학생들의 지명해서 왜 재미 있었는지 의견을 묻는다. 잠자코 있을 때는 아무런 의견이 없는 것처럼 보이지만 일단 발표를 시작하면 학생들은 뜻밖에 멋진 의견들을 내놓는다.

"남편이 죽었는데 부인이 슬퍼하는 대신 자유롭다고 말하는 장면이 흥미로웠어요."

"죽었다던 남편이 돌아왔는데 부인이 기뻐하는 대신 죽었다는 것이 흥미로웠어요."

"영어 문장이 쉬운 편인데 문장 표현이 아름다워서 흥미로웠어요."

"남편은 부인에게 친절한 사람이었는데 남편의 죽음에 부인은 왜 기뻐했을까요? 좀 이상해서 이유가 궁금했어요."

"19세기 소설인데도 여성의 현실이 지금과 비슷해서 놀라서 흥미로웠어요."

학생들의 의견은 이렇게 다양하다.

질문 3: "각각 그런 측면에서 이 작품이 여러분의 흥미를 끌었군요. 그렇다면 이 작품은 좋은 작품일까요?

예의바른 우리 학생들은 선생이 고른 작품이 나쁠 리가 없으리라 추측하면서 다시 한번 고개를 끄덕인다. 그러면 다시 묻는다.

질문 4: "왜 좋은 작품일까요?"

이 질문은 작품에 대한 평가를 묻는 질문인데 평가를 주문하면서 실은 분석으로 들어가는 도입 질문이다. 작품이 왜 좋은 작품인지 답하기 위해서 소설 작품의 구성 요소들인 작품의 구성, 인물 묘사, 배경, 시점, 언어와 스타일, 아이러니와 상징을 분석하면서 작품의 의미(주제)를 파악하게 된다.

이를테면 "미스터 선샤인"이라는 드라마가 왜 명작인지 학생들에게 묻는다. 학생들에게 더욱 익숙할 만한 텍스트를 먼저 분석하도록 유도하는 것이다. 영상이 아름다워서, 배우들의 연기가 좋아서, 대본의 언어가 머릿 속에 쏙쏙 들어오도록 리듬감이 있어서, 구성의 완성도가 높아서... 등등의 답이 가능한 것처럼 소설 작품이 명작인 이유도 윗 단락에서 말한 바와 같이 소설의 요소들을 나눠서 분석하는 것이 가능하다.

2) 분석하기

분석의 궁극적인 목적은 소설 전체의 의미를 파악하기 위함이다. 작품의 의미는 읽는 사람마다 천차만별이지만 각자 다른 의미를 스스로 분석해 보는 훈련은 중요하다. 분석을 통해 작품의 의미를 이해한 후 더 나아가면 특정한 준거에 의해 작품의 성과를 평가할 수 있다.

이때 앞 장에서 말했듯이 텍스트의 텍스츄얼리티에 대한 분석 없이 이론의 유효성을 증명하려는 분석은 문학 텍스트 분석이라고 할 수 없다. 이론은 텍스트의 의미를 보다 잘 이해하기 위해서 필요하다. 케이트 소팽의 "한 시간의 이야기"의 경우 젠더 이론에 대한 사전 지식이 있다면 작품을 이해하는데 크게 도움이 될 것이다. 이론은 텍스트를 깊이 보게 만든다. 만일 자마이카 킨케이드(Jamaica Kincaid)의 소설 『루시』(*Lucy*)를 읽는다면 탈식민주의 페미니즘 이론이 도움될 것이고, 마가렛 앳우드(Margaret Atwood)의 소설 『레이디 오라클』(*Lady Oracle*)을 읽는다면 정신분석학적 페미니즘 이론이 작품을 깊게 이해하는데 도움이 될 것이다. 소팽의 "한 시간의 이야기"는 19세기 소설이지만 20세기 중반의 제2물결 페미니즘의 이론을 이해한다면 소설을 보다 깊게 이해할 수 있을 것이다. 페미니즘의 1물결은 여성의 정치적 권리를 확대하는데 초점을 맞췄지만, 페미니즘 2물결 중에서도 특히 베티 프리단의 『여성성의 신화』는 중산층 여성인 루이스 말러드가 느끼는 결혼의 갑갑함, 주체적 의지와 결단의 결여, 전통적인 여성 역할에 대한 반발, 주체적 삶에 대한 열망 등을 잘 이론화하고 있다.

그럼 작품의 의미 이해를 위해 텍스트를 어떻게 분석할 것인가? 소설 텍스트 분석은 두 개의 서로 다른 차원으로 진행된다. 첫 번째 차원의 분석은 작품을 읽는 시간적 순서에 따라 작품의 상세 부분(details)에 주목하고, 이때 반복되는 패턴이 있는지 살펴보고 패턴의 의미를 유추하는 것이다. 작품에서 발견되는 반복되는 패턴은 의미가 있고 작품 전체의 의미와 연결될 가능성이 농후하기 때문이다. 두 번째 차원의 분석은 앞서 잠시 언급했듯이 소설의 요소들을 나눠보는 것이다. 소팽의 작품을 예로 분석해본다.

1-D 분석

작품을 상세히 읽는다. 단어 하나 하나에 주목하면서 자세하게 읽는다. 문학은 "언어로 된 미적 구조물"이기 때문에 모든 의미는 언어를 통해 전달된다. 그림의 경우는 선, 색깔, 형태, 질감을 통해서 의미를 표현하지만 문학은 의미 표현의 매개가 오로지 언어 밖에 없다. 그래서 왜 하필 특정 언어를 선택했는지 왜 특정 단어가 반복되고 있는지 주목해야 한다. 또 왜 독특한 현상이 되풀이되는가도 중요하다. 또한 장편 소설이라면 왜 비슷한 구조와 의미를 지닌 에피소드가 반복되는지도 주목의 대상이다. 반복되는 의미의 단어들과 에피소드는 필시 작품 전체의 의미와 연결된다. 작품을 단락별로 살펴본다.

[1] 말러드 부인의 심장에 문제가 있음이 드러난다. 그래서 주변 사람들, 즉 말러드 부인의 자매인 조세핀과 남편 친구인 리처즈의 지극한 배려를 받는다. 말러드 부인은 섬세한 배려를 필요로 하는 연약한

여성으로 묘사된다. 특히 주목할 만한 것은 루이스 말러드의 첫 등장에서 그녀의 이름이 말러드 부인이라는 사실이다. 즉 말러드는 남편의 성이기 때문에 남편의 부속물으로서 루이스의 지위가 강조되어 있다.

[2] 루이스의 자매인 조세핀은 연약한 심장을 지녔기 때문에 조심스럽게 ("veiled hints that revealed in half concealing"), 띄엄 띄엄("broken sentences") 루이스의 남편 벤틀리 말러드의 죽음을 알린다. 남편의 친구인 리처즈는 말러드의 죽음에 대해 두 번째 전보를 기다릴 정도로 사려 깊은 친구다. 두 번째 단락은 조세핀과 리처즈의 사려 깊은 배려를 강조하고 있지만 실은 사려 깊은 배려가 필요할 만큼 루이스의 연약함이 다시 한번 강조되어 있다. 루이스가 자신을 어떻게 생각하는지는 알 수 없다. 루이스에 대한 다른 사람들의 견해만이 제시되어 있기 때문이다.

[3] 드디어 루이스에게 초점을 맞추는 단락이다. 남편의 부고를 들은 다른 부인들의 반응("with paralyzed inability to accept its significance")과 달리 루이스는 갑자기 조세핀의 팔에 안겨 울고, 폭풍 같은 슬픔이 잦아들자 혼자서 자신의 방으로 들어간다. 여기서 루이스의 '다름' '특별함'이 묘사된다. 특별한 여성인 루이스가 남편의 죽음에 대해 궁극적으로 예상치 못한 반응을 보일 수 있다는 기대를 가능하게 만든다. 서서히 조금씩 독자의 기대를 증진시키는 역할을 한다. 뿐만 아니라 두 번째 문장에서 잦은 쉼표는 루이스의 특별한 반응에 더욱 주목하도록 만드는데 매우 효과적이다.

[4] 루이스는 밖으로 향한 창문을 마주하고 편안한 의자에 앉아 있다. 육체적으로 지친 상태이지만 이제 내면적 성찰이 분주해지기 시작한다. 밖을 향한 창문은 매우 의도적인 설정이다. 그동안 말러드 부인

으로 집안의 천사로서 살아온 그녀가 창문을 통해 집밖을 바라본다는 것은 감옥으로부터 광장으로 탈출을 시사한다. 창문은 안과 밖을 소통하는 매개물이다. 폭풍 같은 슬픔이 폭발했던 전 단락의 분위기와 사뭇 다르게 루이스는 푹신한 의자에 편안하게 앉아 있다.

[5] 루이스는 밖을 내다본다. 이때 그녀가 바라보는 대상들이 일일이 묘사되어 있다. 그녀의 집 앞에는 광장이 있다. 루이스는 그 광장에서 있는 나무의 끝을 바라본다. 새봄의 생명력으로 떨리는 나무의 끝을 바라본다. 그녀의 집안은 죽음으로 가득하지만 밖은 생명으로 충만하다. 게다가 봄비의 향내가 달콤하다. 봄비는 막 피어나는 생명을 더욱 푸르게 한다. 거리에는 행상인의 외침으로 활력이 넘친다. 멀리서 희미하게 노래 소리가 들린다. 처마에서는 셀 수 없이 많은 참새들이 지저귄다. 뭉개 구름 사이로 푸른 하늘이 보인다. 광장, 나무, 봄비, 상인, 참새, 하늘, 모두가 죽음과는 대비되는 생명의 활력을 보여주는 이미지들이다. 이런 활력은 시각적, 청각적, 후각적 이미지를 총동원하여 활력을 입체적으로 제시한다. 부고의 무거운 무기력이 밖의 생동감 넘치는 활력과 대조되면서 루이스의 내적 변화를 예고한다.

[6] 루이스는 가끔씩 아기처럼 흐느끼면서 꼼짝 않고 의자에 앉아 있다. 루이스가 다시금 연약한 "아기"에 비유되고 있다. 루이스가 "아기"에 비유되면서 루이스의 연약함과 취약성이 다시금 강조되고 있다.

[7] 루이스는 젊고 아름다운 얼굴을 지녔지만 그 얼굴에는 모종의 억압(repression)된 욕망의 흔적과 동시에 강력한 내면의 힘을 함께 드러내고 있다. 루이스는 배려의 대상으로만 인식되었지만 이제는 루이스가 해방을 요청하는 주체임이 처음으로 명시되는 곳이다. 자신이 해

방되어야 할 존재라는 사실을 아직 명확하게 언어로 발화하고 있지는 못하지만 적어도 루이스가 해방에 대한 지성적 사유를 하고 있음이 분명함을 보여준다.

[8] 마침내 루이스는 자신의 사유를 언어화할 순간이 오고 있음을 직감한다. 그러나 두렵다. 왜 두려울까. 시대적으로 여성이 자신의 해방을 선포할 만큼 자유로운 때가 아니기 때문에 두렵다. 더구나 남편의 죽음과 함께 자신의 해방을 선포함에 뭇사람의 시선이 두렵기도 할 것이다. 또한 느낌은 분명한데 언어화한 대상이 교묘(subtle)하고 불명확(elusive)해서 분명하게 표현하기가 힘들기도 하다. 여성이 직장 내에서 당하던 다양한 성적 괴롭힘에 대해 성희롱(sexual harassment)라는 용어를 갖게 된 것은 1975년이다. 단어를 얻게 된 그때부터 괴롭힘의 행위를 분명하게 인식되었고 그때부터 저항의 대상이 명확해진 것이다. 여성이 스스로 무력해지고 현실감을 잃도록 만드는 조작적이고 지배적인 행위에 가스라이팅이라는 용어가 붙여지기 전에는 자신이 왜 그런 일을 당하는지 명확하게 고발할 수 없었다. 그런데 이제 고발할 수 있는 명확한 용어가 생긴 것이다. 명확한 이름, 단어, 용어를 갖게 된다는 것은 곧 선명한 의식을 갖게 됨을 의미하고 힘을 갖게 됨을 의미한다. 소위 '명명하기'의 힘이다. 루이스는 교묘하고 불명확한 느낌을 이제 곧 언어로 발화할 수 있게 된다.

[9] 그러나 언어로 발화하기 전 루이스는 최후의 불안감을 갖게 된다. 자신에게 다가오는 "뭔가"(this thing)을 막으려 하지만 자신의 가녀린 두 손처럼 막을 힘이 없다. 결국 다가오는 뭔가를 포기하자 드디어 작은 소리가 입술 사이로 비집고 나온다. "free, free, free?" 그러나 여

전히 루이스의 마음 가운데 입술 사이를 비집고 나오는 소리는 공포스럽다. 눈은 날카롭게 빛나고 맥박은 빨라지고 피는 따뜻하게 이완되는데, 여전히 의문이 그치지 않는다. 혹시 나의 느낌이 "괴물스러운 기쁨"(monstrous joy)은 아닐까. 루이스 마음 속에서 일어나는 자유의 기쁨과 뭇시선에 기초하는 기쁨의 괴물성이라는 대립된 감정은 19세기 여인인 루이스의 딜레마를 선명하게 보여준다. 주체적 해방을 마냥 기뻐하지 못하도록 만드는 뭇 시선들은 남편의 죽음을 애도하는 대신 그녀의 해방에 비판적인 눈총을 줄 것이 뻔하므로. 그러나 루이스는 마음의 딜레마와 갈등을 극복한다. 루이스는 마침내 "선명하고 고양한 인식"(clear and exalted perception)에 다다른다.

[10] 이 단락에서 루이스와 벤틀리와의 관계를 엿볼 수 있다. 벤틀리는 아내를 소위 사랑하는 남자다. "사랑의 눈길이 아닌 다른 눈길로 그녀를 바라본 적이 없다"고 말한다. 그러나 루이스는 자신의 주장과 의지를 번번이 좌절당해 왔다. 친절한 의도였을지라도 남편이 자신의 주장을 꺾고 무시한 것은 "범죄"(a crime)이라고 단호하게 규정한다. 루이스는 오로지 모든 시간이 자신을 위해 사용될 수 있는 미래를 열렬히 환영한다. 뜻인즉 이제까지 루이스의 시간은 자신의 시간이 아니라 남편의 시간이었음이 함축되어 있다. 이 부분에서 학생들의 의견이 엇갈린다. 남편이 사랑하고 친절한 데 뭐가 문제냐고 말하는 학생들이 꽤 많다. 여성은 오로지 엄마이고 아내의 역할만이 전부라고 믿는 사람이 있다면 루이스의 변화가 영 불편할 수도 있다. 그런데 여성은 엄마와 아내의 역할만이 전부가 아니다. 남성에게 남편과 아버지의 역할이 전부가 아닌 것과 똑같다. 또한 "사랑과 친절"을 어떻게 정의할 것

인가도 중요하다. 남편이 아내의 주장을 매번 묵살한 채 자신의 부속물처럼 아낄뿐 취약한 아이처럼 대한다면 그것이 진정한 사랑일까?

[11] 루이스는 남편을 사랑할 때도 가끔 있었지만 대체로 그를 사랑하지 않았다고 고백한다. 사랑했든 안했든지 이제 그런 상관없다고 말한다. 사랑이란 "해결할 수 없는 신비"(unsolved mystery)이다. 사랑의 정의는 제각각이라 명확한 해결책이 불가능한 바에야 지금 자신의 존재에 가장 강력한 충동인 자기 주장(self-assertion)을 갖게 되었다는 것이 더 소중하다고 말한다. 사랑이 중요하지 않은 것은 아니다. 그러나 자신의 존재의 힘이 없다면 사랑도 불가능하다. 그렇다면 존재의 힘이 사랑의 선행 조건이다.

[12] 마침내 루이스는 더욱 선명하게 속삭인다. "Free! Body and soul free!" 루이스의 발화는 이 짤막한 단편의 클라이막스다. 선명하게 자신의 자유를 언어로 선포했을 때 루이스의 해방은 완성된다.

[13] 조세핀은 루이스가 방에서 혼자 남편의 죽음에 괴로워하다 병이라도 날까봐 루이스의 방문 앞에서 무릎을 꿇고 열쇠 구멍에 입술을 대고 문을 열어 달라고 호소하고 있다. 여기에도 아이러니가 있다. 루이스는 조세핀의 걱정과 달리 그 어느 때보다 몸과 마음이 건강하고 자유로우며 활력이 흘러 넘치고 있다.

[14] 루이스는 아픈 대신 "삶의 영약"(a very elixir of life)을 맘껏 들이키고 있다. 자신의 의지대로 살아갈 수 있는 미래에 대한 기대로 부풀어 있다. 어제만 해도 삶이 오래 지속될까봐 몸서리쳤지만 지금은 부디 삶이 오래 지속되기를 바란다. 루이스의 기쁨이 얼마나 큰지 잘 묘사되고 있다.

[15] 루이스는 해방된 여성으로서 당당히 문을 열고 밖으로 나간다.

"그녀의 눈은 승리로 빛났고"(a feverish triumph in her eyes), "그녀의 자태는 승리의 여신과 같았다"(a goddess of Victory). 루이스는 조세핀의 허리를 꽉 쥐고 함께 계단을 내려간다. 이제 자유롭고 당당한 루이스의 새로운 삶이 시작할 차례다.

[16] 그런데 그때 누군가 주인처럼 현관을 열쇠로 열면서 들어온다. 바로 루이스의 남편인 벤틀리다. 기차 사고로 인한 자신의 부고에 대해 아무 것도 모른 채 들어온다. 이에 조세핀은 놀라 날카로운 비명을 지르고 리처즈는 루이스가 놀랄까봐 벤틀리를 가로막으려 한다.

[17] 그런데 너무 늦었다. 중요한 단락은 한 문장으로 구성된다. 쉼표로 구절을 강조하려고 했던 것처럼 강조를 위해서 짧은 한 문장을 한 단락으로 구성한다.

[18] 이미 루이스는 쓰러져 사망했고 의사는 루이스의 죽음이 남편의 생존과 귀환이 너무 기뻐서 심장 마비를 일으킨 탓이라고 진단한다. 독자들은 알고 있다. 루이스의 죽음은 자신이 그토록 기뻐했던 자유와 해방이 남편의 등장과 더불어 아쉽게도 끝나 버렸기 때문임을 잘 알고 있다. 루이스의 죽음은 가까스로 획득한 해방을 어처구니없이 놓쳐버리는 아쉬움과 안타까움을 더욱 강화하는 역할을 한다. 동시에 여성이 자유를 획득한다는 것이 지난한 과정임을 깨닫게 해준다.

이제까지의 분석을 정리해보자. 이 작품에서 가장 두드러지게 반복되는 패턴은 '아이러니'다. 그렇다면 그 패턴의 의미가 무엇인지 유추해야 한다. 그 의미를 유추하면 작품 전체의 의미에 도달할 수 있을 것이다. 아이러니는 안과 밖이 다르고 표면과 이면이 다른 현상이다.

이런 아이러니는 작품 속에서 빈번하게 반복된다.

첫 번째 아이러니는 "자유", "기쁨", "승리", "봄", "생명"이라는 단어들과 대립적으로 "억압", "두려움", "공포", "죽음", "괴물성"이란 단어들이 되풀이되면서 생성된다. 이는 19세기 여성으로서 루이스가 자유를 열망하면서 자유를 얻는 과정에서 동시대인들의 고정 관념과의 투쟁이 불가피함을 보여준다. 동시대 여성에 대한 고정 관념에 따르면 아내는 남편이 죽으면 지극한 슬픔으로 애도해야 한다. 애도하지 않는 루이스는 분명 매정하고 부도덕한 여성으로 비난받을 것이다. 루이스는 뭇사람들의 비난이 두렵고 공포스러우며, 동시대인의 고정 관념을 어느 정도 내면화한 루이스는 스스로 괴물같다고 여기기도 한다. 앞서 말했듯이 대립된 단어들의 병렬된 구조는 작품의 아이러니한 측면, 즉 여성이 해방을 열망하면서도 해방을 성취하는 과정의 지난함을 형상화한다.

두 번째 아이러니는 당시 재산을 소유하지 못했고 선거권도 없었던 여성들은 공적 영역에서 '비존재'였다. 오로지 남편을 통해서만 미약하나마 '존재성' 획득할 수 있었다. 그마나 남편이 없다면 아내는 모든 영역에서 더욱 철저하게 비존재가 될 수밖에 없었다. 그런데 정반대로 루이스는 남편이 죽자 자신의 존재성을 획득하게 된다. 이 자체가 아이러니다.

세 번째 아이러니는 루이스가 방안에서 흐느끼고 있을 때 대조적으로 창밖에서는 활기찬 봄이 시작되고 있다. 남편의 죽음에 대한 최초의 반응은 역시 폭풍같은 슬픔이다. 그러나 밖은 봄의 활력으로 넘친다. 이렇게 안과 밖의 다름에서 비롯되는 아이러니다.

네 번째 아이러니는 처음부터 매우 신중해보이는 리처즈의 반복되는 실수들이다. 리처즈는 벤틀리의 친구로서 친구의 아내가 충격을 받을까봐 친구의 죽음을 2차 전보를 받고서야 전달할 만큼 신중하다. 그는 행여 조심성 없는 친구가 먼저 와서 죽음을 터트릴까 두려워 자신이 전달해야겠다고 맘먹을 만큼 조심스럽고 사려 깊은 사람이다. 그런 그가 궁극적으로는 가장 치명적인 실수를 저지른 것이다. 리처즈는 멀쩡하게 살아있는 벤틀리가 죽었다는 잘못된 정보를 전달했을 뿐만 아니라, 벤틀리의 갑작스러운 생존을 감추려고 하지만 이 역시 실패하여 루이스의 죽음을 초래한다. 신중하려는 의도와 달리 결과적으로 신중함에 실패하고 만다.

다섯 번째 아이러니는 루이스가 방안에서 자신의 존재성을 확인하면서 그 황홀한 활력을 만끽하고 있는데 방 밖에 있는 조세핀은 루이스가 남편의 죽음을 애도하면서 병이 났다고 추측한다. 여기서 굳이 대조한다면 "질병" vs "영약"을 대립시킬 수 있다. 밖에서는 루이스가 질병에 걸려 아프다고 여기고 실제로 방안에 있는 루이스는 생명의 영약을 먹고 오래도록 건강한 삶을 기대하는 중이다. 안과 밖이 다르고 표리가 부동하다.

여섯 번째 아이러니는 루이스의 죽음이다. 남편이 살아 돌아옴으로써 루이스는 실제로 새로운 삶을 획득한 기쁨이 끝나버렸다는 충격으로 평소의 지병인 심장이 마비되어 죽음을 맞이한 것이다. 그런데 어처구니없게도 사람들은 루이스가 남편이 살아 돌아와 기뻐서 죽었다고 생각한다. 이 작품의 가장 중요한 아이러니다.

그렇다면 작품 속에서 반복되는 아이러니는 어떤 의미가 있는가. 안과 밖이 다르고, 표리가 부동한 아이러니는 작품의 의미와 어떤 관련을 지니는가? 작품의 상세 부분을 연결시킴으로써 작품 속에서 반복되는 패턴인 아이러니를 발견했는데, 반복되는 아이러니가 작품의 어떤 주제를 드러내는가? 이는 여성에게 결혼이 공적 영역에서 비존재인 여성을 아내와 엄마로 만듦으로써 존재성을 부여하지만 동시에 남편에게 종속됨으로써 인간 주체로서의 자율성과 존재성을 상실하는 이중적인 면모를 잘 보여주고 있다. 아이러니적 요소를 반복하고 변주함으로써 결혼의 이중성이라는 주제를 강화하고 있다.

2-D 분석

1-D 분석이 텍스트의 세부에 집중하면서 반복되는 언어, 요소, 에피소드를 연결하여 패턴을 발견하고, 패턴의 갖는 의미를 파악한다면, 두 번째 차원(2-D)의 문학 텍스트 분석은 문학 텍스트를 요소별로 살펴보는 것이다. 문학의 요소란 구조, 인물, 배경, 시점, 언어와 스타일, 아이러니, 상징이다. 그런데 첫 번째 차원의 분석에서 본 바와 같이 자세히 읽기의 첫 번째 차원과 문학 요소별 분석이 사실상 겹치기도 한다. 쇼팽의 "한 시간의 이야기"에 대해 문학 요소별 분석을 진행하면 다음과 같다.

구조

문학의 구조란 기승전결의 구조를 말한다. 포스트모던 소설 텍스트는 과감하게 기승전결의 구조를 파괴하지만 대다수의 소설은 초반부에 배경과 인물을 소개한다. 그리고 작가의 문제 의식은 대체로 인물간의 갈등으로 표현되면서, 갈등이 최고조에 이르러 마침내 갈등이 해소되는 구조를 지닌다. 갈등이 해소되는 결말은 갑작스러운 반전으로 끝날 수도 있는데 반전은 필히 사전에 예고가 있어야 한다. 만일 이런 예고가 없다면 미적 구조물로서의 소설 텍스트는 결함 있는 구조물이 되고 만다. 텍스트에 애초 철저하고 치밀한 디자인 없다면 미적 구조물로서 치명적인 결함이다.

"한 시간의 이야기"의 경우 작품은 매우 드라마틱한 반전의 연속이다. 루이스는 남편의 부고에 대해서 다른 여성들과 다른 반응을 보인다면 점에서 반전이다. 그런가 하면 죽었던 남편이 돌아왔을 때 루이스는 오히려 앞으로 자신이 누릴 자유를 상실한 충격으로 사망하는 반전이 있다. 이러한 반전들은 텍스트 내내 정교하게 사전 준비되어 있다. 루이스가 심장병이 있다는 사실, 루이스는 충격에 치명적이라는 사실, 루이스는 남편의 죽음이 해방을 가져왔다는 기쁨에 넘쳐있다는 사실 등은 죽었다고 생각하던 남편이 돌아왔을 때 돌연 사망하는 반전 드라마에 충분한 개연성을 준다.

배경

작품의 시간적 공간적 배경은 특히 주인공 내면의 풍경과 일치한다. 하루 중 아침인지 저녁인지, 새벽인지 어스름 황혼인지, 한밤중인지, 모두가 작가가 의미를 전달하기 위한 의도적인 선택이다. 일 년 중, 봄인지, 여름인지, 가을인지, 겨울인지도 계절 자체가 갖는 상징성으로 인하여 매우 의도적으로 고안한 장치다. 공간적 배경은 대체로 작가가 익숙한 공간을 배경으로 삼기 마련이지만 적어도 시골인지 도시인지 부유한 동네인지 가난한 동네인지, 이는 작가의 의미 형상화와 밀접한 관계를 지니는 것이 보통이다.

"한 시간의 이야기"의 경우 시간적 배경은 봄이다. 만물이 약동하는 봄은 루이스의 새로운 탄생과 관련된다. 봄은 과거의 속박에서 벗어나 새롭게 삶을 시작하기에 가장 적절한 계절이다. 공간적 배경의 특이성은 루이스의 집이 이 층집이고, 안락한 의자, 밖으로 향하는 큰 창문으로 볼 때, 루이스가 중산층 여성임을 유추 가능케 한다. 루이스가 중산층 여성이라는 사실은 그녀가 빅토리아 시대 가정의 천사로서 아내와 주부의 역할에 그녀의 삶이 한정되어 있음을 시사한다.

시점

작품에 따라서 시점은 그 자체로 중요한 의미를 지닌다. 작가가 작품을 쓸 때 어떤 시점으로 쓸 것인가는 작품의 의미 자체를 구성하게 된다. 1인칭을 선택한다면 보다 내밀한 내면을 고백하는 작품이 될 가능성이 많고, 제한적 3인칭 관점을 선택한다면 사건의 추이를 객관적으로 제시하면서도 작품에 사실성(verisimilitude)을 확보하기 위한 전략일 수 있다. 3인칭 전지적 시점을 선택했다면 인물과 사건에 대해 총체적인 정보를 제공할 필요성 때문일 것이다.

그런가 하면 윌리엄 포크너의 "에밀리를 위한 장미"와 같은 단편에서는 특이하게 "우리"라는 1인칭 복수의 시점을 선택하는 경우도 있다. 이때 에밀리라는 인물에 대한 집단적 판단을 보여줌으로써 귀족에 대한 애호와 적대가 동시대인들이 공유하는 감정임을 효과적으로 전달한다. 포크너의 장편 『내가 죽어 누워 있을 때』는 59개의 장들이 15

명의 다른 화자들의 관점으로 서술된다. 어머니의 시신을 든 관을 들고 9일 동안 제퍼슨의 가는 여정에서 같은 사건에 대해 서로 다른 관점의 이야기가 전개된다. 같은 대상을 바라보는 관점의 수만큼 다른 해석이 가능하다는 사실을 전달하고 있다. "한 시간의 이야기"는 3인칭 전지적 시점이지만 포크너의 소설처럼 시점이 딱히 중요한 의미를 전달하지는 않는다.

언어

반복해서 말하지만 문학 텍스트는 언어로 된 미적 구조물이다. 어떤 언어를 선택하는가는 의미 전달에 매우 중요한 요소다. "한 시간의 이야기"에서는 딕션(단어의 선택)이 크게 중요한 의미를 갖지는 않는다. 그러나 뒤에 분석의 샘플로 제시할 소설들 플래너리 오코너(Flannery O'Connor)의 소설 "그린리프"(Greenleaf)나 한강의 소설 『채식주의자』의 경우 특정한 단어의 선택이 작품의 의미를 전달하는데 매우 중요한 역할을 한다. 모든 소설이 그렇지는 않지만 두 소설은 특히 특정 단어의 선택이 기존의 해석을 뒤엎고 새로운 해석을 제시할 수 있는 기반이 될 수 있음을 드라마틱하게 증명해 준다. 뒤에 첨부된 "숙적의 무의식적 상동성"과 "피, 섹스 나무 이미저리 재해석"을 참고하기 바란다.

"한 시간의 이야기"에 대한 문학 요소에 따른 두 번째 차원의 분석에서는 구조, 배경, 아이러니와 같은 요소들이 텍스트의 의미를 밝히는데 핵심적 역할을 한다. 그렇다면 문학 텍스트의 분석에서는 첫 번째 차원의 분석과 두 번째 차원의 분석이 작품을 읽으면서 사실상 동시에 진행된다. 설명의 편의상 두 개의 차원으로 나눠서 문학 텍스트의 분석 과정을 서술했지만 실제로는 동시에 일어나는 과정이다.

3) 평가하기

문학 텍스트의 의미를 파악한 후 독자는 그 텍스트가 의미를 얼마나 효과적으로 전달하는가를 평가할 수 있다. 미적 구조물로서 적절한 기승전결을 갖추면서 아름다운 구조물을 완성했는지 평가할 수 있다. "한 시간의 이야기"의 경우 결말의 반전에 대한 충분한 사전 예고가 없었다면 그 작품은 실패다. 그러나 쇼팽의 단편은 충분한 예고로 인해 설계의 치밀함을 확인할 수 있다. 이처럼 작품의 미학적 가치는 특정한 규칙 몇 가지로 일반화하기 힘들다. 대체로 각자의 독서 경험에 의거하여 평가하게 되는데 만일 경험이 풍부하지 않다면 신중하게 평가할 필요가 있다.

더불어 텍스트가 전달하는 가치가 과연 정당한 지도 평가의 대상이 될 수 있다. 나의 가치는 문화, 인종, 종교, 젠더 감수성에 따라 다를 수 있다. "한 시간의 이야기"는 의외로 다양한 해석이 있고, 그중에는 남편의 부고를 듣고 해방감을 느끼는 루이스가 배은망덕하다고 평하는 해석도 있다. 텍스트의 표면에 벤틀리는 분명 "사랑이 담긴 눈길 이외엔 루이스를 바라본 적이 없다"는데 벤틀리의 죽음을 기뻐하는 루이스는 경제적 안정만을 위해 결혼을 선택한 비정한 여성이라는 해석이다. 그런 해석은 젠더 감수성이 결여되었다는 비판이 가능할 것이다. 물론 해석은 다양할 수 있다.

문학 논문 쓰기 - 짤막한 분석 페이퍼 쓰기

문학 강의 시간마다 교수는 학생들에게 짤막한 분석 페이퍼 쓰기를 과제로 제시한다. 학기마다 조금씩 차이가 나긴하지만 내 경우 한 학기에 여섯 번 정도의 페이퍼를 학생들이 쓰도록 한다. 이때의 페이퍼는 약 A4 한 장이 넘지 않는 분량이다. 이 과제의 목적은 학생들이 문학 작품을 경험하고 분석한 다음, 경험과 분석 결과 자신이 발견한 작품의 '의미'를 글로 써보는 훈련이다. 학생들이 각자 발견한 작품의 '의미'는 학생들의 '주장' 즉 글의 '논지'가 되고, 이 '논지'를 작품의 텍스트에서 직접적으로 혹은 간접적으로 '인용'하면서 논증하는 연습을 하는 것이다. 텍스트를 인용할 때는 반드시 따옴표를 사용하고 괄호 안에 쪽수를 기입하도록 한다. 아주 기초적인 훈련이다. 대부분의 학생들은 텍스트의 의미에 대해 나름의 주장을 갖긴 하지만 그 주장을 증명하는 것에는 익숙하지 않다. 분석을 통해 작품의 의미에 대한 자신의 주장을 결정하고, 그 주장을 논점별로 증명하는 연습을 한 학기 동안 지속하면, 대부분의 학생들은 짤막한 분석 페이퍼 쓰는 작업에 꽤 익숙해지고, 서론/본론/결론을 갖추는 논증 방식이 마음의 습관으로 자리 잡히게 된다.

문학 분석 페이퍼는 책을 소개하는 서평도 아니고 어릴 적 쓰던 독후감도 아니다. 서평은 독자들에게 책을 소개하고, 평가하며, 독자들이 읽도록 권고하는 글이다. 서평은 분석적인 글이 아니라 작가와 작품을 소개하기 위해서 간단하게 요약하는 정도의 글이다. 독후감 역시 간단히 작품의 줄거리를 요약하고 개인적으로 깨달은 교훈을 나열한다. 반면 문학 분석 페이퍼는 독후감적인 개인 경험에서 시작되긴 하지만 개인 경험을 나열하지는 않는다. 철저하게 분석적인 글이어야 한다.

1) 서론 쓰기

서론은 자신의 논지, 주장을 소개하는 첫머리 글이다.

학생들에게 문학 분석 페이퍼를 요구하면 상당히 많은 학생들은 작가 소개가 논문의 서론이라고 착각한다. 작가 소개가 문학 논문의 서론은 아니다. **서론은 자신의 논지, 주장을 소개하는 첫머리 글이다.** "한 시간의 이야기"를 다시 예로 들면 텍스트를 분석한 결과 아이러니가 반복되는 패턴이 작품의 '의미'와 관련됨을 발견하고 그 '의미'란 '여성에게 결혼이 갖는 이중성'이라고 결정했다고 치자. 그렇다면 '여성에게 결혼이 갖는 이중성'이 논지가 되고, 이 논지를 소개하는 것이 분석 페이퍼의 서론이 될 것이다. 샘플을 제시하면 이렇다.

> 결혼식마다 주례 선생은 결혼이 사랑을 완성하는 행복한 제도인 듯 미화한다. 그러나 오천년 가부장제 하의 결혼은 여성에게 마냥 행복하지만은 않다. 케이트 소팽(Kate Chopin)의 짤막한 단편 "한 시간의 이야기"는 가부장제가 여전히 강고한 19세기 미국 짐짓 행복한 중산층 여성 루이스 말러드가 남편의 부고에 따른 뜻밖의 기쁨을 성취했으나 기쁨은 잠시 다시금 뜻밖에 사망하는 이야기다. 이 서사는 반복되는 아이러니를 제시함으로써 여성의 관점에서 결혼의 이중적 의미를 절묘하게 형상화하고 있다.

서론은 작가인 케이트 쇼팽을 소개하지 않는다. 자신의 발견한 텍스트의 의미 "결혼의 이중성"을 소개하고 이 의미가 아이러니를 통해 밝혀짐을 소개하는 것이다.

2) 본론 쓰기

본론은 논점별로 논지를 증명한다.

본론은 서론에서 소개된 논지를 논증하는데 무작정 증명하는 것이 아니라 **논점별로 분류하여 논증한다.** 짤막한 글에서는 모든 논점들을 한 단락에 담을 수도 있고 각 논점별로 한 단락씩 구성할 수도 있다.

단락 쓰기

1. 들여 쓰기

단락은 보통 스페이스 한 개나 세 개 정도 들여 쓰기 한다. 그러나 들여 쓰는 스페이스는 일관성만 있으면 된다. 요즘은 들여 쓰지 않는 경우도 많다. 그러나 들여 쓰는 것이 새로운 아이디어가 서술되고 있다는 것을 알리는 시각적 효과가 있기 때문에 독자에게 친절한 방식이라고 생각한다.

2. 한 단락에 한 가지 토픽(topic) 담기

한 단락에서는 한 가지 토픽만을 다룬다. 토픽을 담은 문장을 토픽 문장(topic sentence)라고 한다. 글은 무엇보다 전달력이 있어야 한다.

전달력이 있으려면 단락의 중심 토픽을 제일 먼저 알려주는 것이 좋다. 즉 토픽 문장을 단락의 맨 첫 부분에 위치시킨다. 한 단락에 많은 토픽을 다뤄서는 안된다. 한 단락에 하나의 토픽!!

3. 토픽을 부연 설명

단락의 중심 주제를 담은 토픽을 진술한 후 토픽에 대해 부연 설명해야 한다. 부연 설명하는 방식은 여러 가지다. 부연 설명은 토픽의 타당성을 증명하려는 목적을 가지고 있다. 즉 증거를 제시하는 것이다. 예를 들어 증명할 수도 있고, 상반된 의견과 비교/대조하면서 논쟁할 수도 있고, 이야기를 제시할 수도 있다. 어떤 방식이든지 간에 토픽을 상대방에게 설득하는 것이 목적이다.

4. 단락의 결론

한 단락에서도 나름이 결론이 들어간다. 토픽의 타당성을 다시금 강조하면서 단락을 맺는다.

문학 텍스트 분석 페이퍼의 경우 논증은 반드시 텍스트로부터 직접 인용 혹은 간접 인용하는 방법을 사용한다. 일반 논설문에서 논증은 증명하려는 논지와 관련된 통계를 제시하든가, 권위 있는 학자의 말을 인용하든가, 구체적인 예나 사건을 제시하면서 논지의 타당성을 입증할 수 있다. 짤막한 문학 텍스트 분석 페이퍼가 아닌 길이가 긴 문학 분석 페이퍼라면 일반 논설문과 같은 방식을 통해 논증할 수 있다. 통계를 제시하거나 권위 있는 학자를 인용하는 등 얼마든지 가능하다. 하지만 짤막한 글에서는 되도록 텍스트 내부에 집중하여 텍스트로부터 인용함으로써 논지의 타당성을 증명하는 것이 좋다. 논증 없이 논지의 적절성을 설득하기 힘들다는 사실을 우리는 자주 잊는다.

되도록 구체적인 논증을 통해 자신의 주장이 옳다는 사실을 입증해야 한다. A4 한 장짜리 페이퍼라면 논점 세 개 정도면 충분하다. 논점 두 개는 설득력이 떨어진다. 적어도 입증할 데이터를 세 개 이상은 제시해야 설득력이 있다. 다시 한번 "한 시간의 이야기"를 활용하여 논증 샘플을 제시한다.

첫 번째 아이러니는 "자유", "기쁨", "승리", "봄", "생명"이라는 단어들이 "억압", "두려움", "공포", "죽음" "괴물스런"이란 단어들과 되풀이하여 대립된다. 이는 19세기 여성으로서 루이스가 자유를 열망하면서도 자유를 얻는 과정에서 동시대인들의 고정 관념과 투쟁이 불가피함을 보여준다. 동시대 여성에 대한 고정 관념에 따르면 아내는 남편이 죽으면 지극한 슬픔으로 애도해야 한다. 애도하지 않는 루이스는 분명 매정하고 부도덕한 여성으로 비난받을 것이다. 루이스는 뭇사람들의 비난이 두렵고 공포스러우며, 동시대인의 고정 관념을 어느 정도 내면화한 루이스는 스스로 괴물같다고 여기기도 한다. 앞서 말했듯이 대립된 단어들의 병렬된 구조, 특히 "괴물스런 기 쁨"이라는 구절은 작품의 아이러니한 측면, 즉 여성이 해방을 열망하면서도 해방을 성취하는 과정의 지난함을 형상화한다.

두 번째 아이러니는 당시 재산을 소유하지 못했고 선거권도 없었던 여성들은 공적 영역에서 비존재였다. 오로지 남편을 통해서만 미약하나마 존재성을 획득할 수 있었다. 그마나 남편이 없다면 아내는 모든 영역에서 더욱 철저하게 비존재가 될 수밖에 없었다. 그런데 정반대로 루이스는 남편이 죽자 자신의 존재성을 획득하게 된다. 이 자체가 아이러니다.

세 번째 아이러니는 루이스에 방안에서 흐느끼고 있을 때 창밖에서는 활기찬 봄의 시작이 대조되고 있다. 남편의 죽음에 대한 최초의 반응은 역시 폭풍 같은 슬픔이다. 그러나 밖은 봄의 활력으로 넘친다. 안과 밖은 아이러니칼하게도 대조된 분위기를 보여준다.

네 번째 아이러니는 처음부터 매우 신중해 보이는 리처즈의 반복되는 실수들이다. 리처즈는 벤틀리의 친구로서 친구의 아내가 충격을 받을까 봐 친구의 죽음을 2차 전보를 받고서야 전달할 만큼 신중하다. 그는 행여 조심성 없는 친구가 가서 죽음을 터트릴까 두려워 자신이 전달해야겠다고 맘먹을 만큼 조심스럽고 사려 깊은 사람이다. 그런 그가 궁극적으로는 가장 치명적인 실수를 저지른 것이다. 리처즈는 멀쩡하게 살아있는 벤틀리가 죽었다는 잘못된 정보를 전달했을 뿐만 아니라 벤틀리의 갑작스러운 생존을 감추려고 하지만 이 역시 실패하여 루이스의 죽음을 초래한다. 신중해보이지만 실은 신중함에 실패하는 아이러니다.

다섯 번째 아이러니는 루이스가 방 안에서 자신의 존재성을 확인하면서 그 황홀한 활력을 만끽하고 있는데, 방 밖에 있는 조세핀은 루이스가 남편의 죽음을 애도하면서 병이 났다고 반대로 추측한다. 여기서 굳이 대조한다면 "질병" vs "영약"을 대립시킬 수 있다. 밖에서는 루이스가 질병에 걸려 아프다고 여기고 실제로 방안에 있는 루이스는 생명의 영약을 먹고 오래도록 건강한 삶을 기대하는 중이다. 다시한번 안과 밖은 표리부동한 아이러니를 표출한다.

여섯 번째 아이러니는 루이스의 죽음이다. 루이스는 실제로 새로운 삶을 획득한 기쁨이 남편이 살아 돌아옴으로써 끝나버렸다는 충격으로 평소의 지병인 심장이 마비되어 죽음을 맞이한 것이다. 그런데 어처구니없게도 사람들은 루이스가 남편이 살아 돌아와 기뻐서 죽었다고 생각한다. 이 작품의 가장 중요한 아이러니다.

샘플에서 텍스트의 아이러니들을 여섯 개의 논점으로 나누어 설명한다. 논점별 논증은 철저하게 텍스트로부터의 인용이나 상황 설명에 기초한다. 사회과학의 논문에서 자신의 논지에 대한 주장은 통계 조사를 통한 데이터와 그 분석을 제시함으로써 논지의 타당성을 증명할 것이다. 하지만 문학 논문은 짧든 길든 그 타당성은 언제나 작품의 직간접 인용을 통해서 이뤄진다.

TIP

인용하기

‣ 짧은 구절 직접 인용

짧은 구절을 직접 인용할 때엔 따옴표를 사용한다. 원 텍스트에서 어떤 단어로 표현했는지 그 느낌을 전달하기 위한 수단이다. 또한 논지의 타당성을 증명하려는 수단이다. 즉 텍스트에 대한 분석이 상상력으로 꾸며낸 이야기가 아니라, 철저하게 텍스트에 기반하고 있음을 보여주려는 수단이다. 소팽의 "한 시간의 이야기"에 대한 분석에서 "괴물스러운 기쁨"(a monstrous joy)이라는 구절은 아이러니라는 논지를 가장 적절하게 증명해주는 단어이기 때문에 직접 인용은 필수적이다. 영미 문학을 읽고 우리말로 분석 페이퍼를 쓸 때엔 영어 원문을 괄호 안에 넣어 주는 것이 좋다. 그래야 원문의 느낌을 전달할 수 있다. 짤막한 페이퍼에서는 사실상 이런 방식의 직접 인용이 효과적이다. 직접 인용의 끝에는 언제나 원 텍스트의 쪽수를 기입해 준다. 맨 처음 인용할 때 원 텍스트의 버전이 무엇인지 주석으로 표시해 주고, 다음부터는 버전 표시 없이 쪽수만 기입할 것임을 명시한다. 그러나 "한 시간의 이야기"와 같은 단편의 경우 강의의 목적이 분석 글쓰기에 맞춰져 있다면 교수에 따라 쪽수 표기를 면제해 줄 수 있다. 교수의 안내를 따르면 된다.

‣ 세 줄이 넘지 않는 직접 인용

분석 대상이 되는 텍스트로부터 문장을 인용할 때 특히 그 문장의 분량이 세 줄을 넘지 않을 때는 단락 안에서 인용한다. 이에 대한 예는 앞으로 긴 페이퍼 샘플에서 확인할 수 있다. 이 역시 인용의 목적은 짧은 구절의 경우와 같다. 논지의 증명을 위해 텍스트로부터 인용할 뿐만 아니라 때로는 자신의 과거 독서로부터 논지를 뒷받침할 만한 권위 있는 주장을 인용할 수 있다. 이를테면 니체의 "괴물과 싸우면 괴물이 된다"라는 구절을 인용할 수 있다.

‣ 세 줄 이상 직접 인용

세 줄이라 함은 원문 텍스트의 분량이 아니라 분석 페이퍼 자체에 나타나는 분량을 의미한다. 직접 인용해야 하는 구절이 세 줄 이상이 되는 경우엔 블록으로 인용한다. 즉 인용문 자체를 하나의 단락으로 만든다는 뜻이다. 이 때엔 따옴표를 붙이지 않는다. 맨 끝에 쪽수만 표기해준다. 학부 문학 강의에서 요구하는 한 쪽 짜리 분석 페이퍼에서 세 줄 이상의 인용은 지양한다. **세 줄 이상 인용하는 경우는 논지를 증명하는 것이 목적이 아니라 분석할 목적이다. 그러므로 인용문에 대한 철저한 분석이 따라와야 한다.** 이 점은 명심해야 할 부분이다. 많은 학생들이 세 줄 이상을 인용하고도 아무런 분석 없이 그냥 다음 논점으로 넘어 가는 경우가 있다. 학생들은 세 줄 이상의 인용도 자신의 논점의 타당성을 증명할 목적으로 제시한다고 착각한다. 세 줄 이상의 인용은 세밀한 분석을 위해서 제시하는 것임을 명심할 필요가 있다.

‣ 간접 인용

간접 인용은 두 가지 경우가 있다. 첫째 분석 대상이 되는 원 텍스트로부터 간접 인용이 필요한 경우는 대체로 작품의 에피소드를 요약하는 경우가 될 것이다. 이 때엔 따옴표를 쓰지 않고 인용 쪽수를 밝힐 필요도 없다. 하지만 분석 텍스트가 아닌 다른 논문이나 저서로부터 내용을 요약하여 제시할 때엔 따옴표는 붙이지 않아도 쪽수는 표기해야 한다. 뒤에 완성된 저널 논문을 참조하기 바란다.

‣ 인용 출처 밝히기

니체의 말처럼 너무 유명해서 대다수가 알고 있는 구절은 따로 출처를 밝힐 필요가 없는 경우가 있다. "한 시간의 이야기"처럼 짤막한 단편을 대상으로 하는 수업이 요구하는 분석 페이퍼에서도 딱히 쪽수를 밝힐 필요가 없는 경우도 있다. 물론 교수에 따라 다른 방식을 요구할 수 있다. 그러나 적어도 기말 페이퍼 이상 저널 페이퍼와 학위 논문에서 출처를 밝히는 것은 매우 중요하다. 이 부분은 꽤 긴 설명이 필요하므로 별도의 공부가 필요하다.

짤막한 문학 텍스트 분석 페이퍼는 굳이 이 작품에 대해 쓰인 다른 선행 연구를 요약하거나 언급할 필요가 없다. 이 페이퍼는 기존의 해석과 차별화되는 독창성인 해석을 요구하지 않는다. 앞서 말했듯이 이런 종류의 페이퍼는 텍스트를 분석하고 분석한 결과를 논리적인 글로 서술하는 역량 훈련 성격의 글이기 때문이다.

3) 결론 쓰기

결론은 논지의 타당성을 다시금 확인한다.

결론에서는 서론에서 소개했던 논지가 논증 과정을 통해 입증되었음을 다시금 확인한다. 자신감 있게 자신의 주장의 타당성을 확정하기 위해 간단하게 논지를 다시금 요약할 수도 있지만 이때 분명히 똑같은 언어가 아니라 다른 언어로 서술해야 한다. 쉽게 말하면 "자, 본론에서 충분히 보셨지요? 내 주장이 맞죠?"라고 확인하는 과정이 결론이다. 또한 자신의 주장에 대한 자신감에도 불구하고 지면 관계상 확대 논의할 수 없었던 아쉬움, 논문의 특성상 한 가지 논지에 집중했지만 다른 논지의 가능성에 대해서도 간단히 언급할 수 있다.

4) 제목 붙이기:

제목은 흥미로워야 하고 페이퍼의 내용을 집약해야 한다.

학생들에게 문학 텍스트를 경험하고 분석한 결과를 페이퍼로 쓰는 과제를 제시하면 으레껏 학생들은 자신의 페이퍼 제목으로 작품 제목을 덩그러니 써놓는다. 그런 제목은 너무 밋밋하다. 페이퍼의 내용이 뭔지 보여주지도 못한다. 페이퍼의 제목은 독자의 흥미를 끌 수 있어야 하고, 논지의 정보를 잘 요약하고 있어야 한다. 제목만 봐도 페이퍼의 내용이 무엇인지 짐작할 수 있는 제목을 선택해야 한다. 이를테면 위의 샘플에 대한 적절한 페이퍼 제목은 "아이러니 분석을 통한 결혼의 이중성: 케이트 쇼팽의 '한 시간의 이야기'"가 될 것이다.

더불어 짤막한 문학 분석 페이퍼의 샘플 세 개를 추가로 제시한다. 하나의 존 스타인벡의 단편 "국화"에 대한 글이고, 또 하나는 헤밍웨이의 단편 "깨끗하고 밝은 장소", 진 투머의 "핏빛으로 불타는 달"에 대한 짤막한 글들이다. 모두 강의 시간에 샘플로 활용하기 위해 쓴 졸고다.

향유하는 주체의 욕망과 좌절: 존 스타인 벡의 "국화"

스타인벡이 평생 관심하는 주제는 사회적 소외계층의 고단한 삶이다. 가뭄과 먼지폭풍으로 쓰러진 삶의 터전을 버리고 캘리포니아로 이주하는 가난한 사람들을 그린 『분노의 포도』, 신체적 장애인에다 하루 때꺼리를 해결하기 위해 일하는 일일노동자들의 삶을 그린 『생쥐인간』 등, 스타인벡은 사회적 경제적 권리를 박탈당한 사람들의 분노와 좌절을 그린다. 그런데 그것만은 아니다. 스타인벡은 생존을 위해 노동하는 사람들의 애환뿐만 아니라, 생존을 넘어 삶을 향유하고, 성찰하고, 초월하려는 또 다른 인간형을 제시하고 그들의 좌절에도 관심한다. 그의 단편 「국화」는 먹고 싸우고 짝짓기하는 동물적, 혹은 노동적 생존차원을 넘어서, 삶의 아름다움을 향유하고, 삶의 충만함을 경험하고, 유유자적 관조하는 삶을 추구하는 시골아낙 엘리사의 욕망과 좌절을 그리고 있다.

세상으로부터 고립된 샐리나 계곡, 안개가 냄비뚜껑처럼 덮혀있는 계곡은 엘리사의 삶의 터전이면서 동시에 그곳은 그녀의 감옥이다. 아무도 그녀의 예술적 욕망을 이해해주지 못하기 때문이다. 삶의 터전을 일구는 그녀의 손길을 모든 생명을 살리는 마술의 손길을 지니고 있기 때문에, 어딜가나 생물이 번성하여 작은 집에도 제라늄이 번성하고, 집안 구석구석 잘 쓸고 닦아낸 흔적이 역력하다("a hard-swept looking little house"). 그러나 남자 모자를 꾹 눌러쓰고, "커다란 주머니가 달린 앞치마"에 "무거운 고무장갑"을 끼고, 얼굴에 흙을 묻힌 채, 내년에 심을 국화를 고르고 있는 그녀는 분명 노동의 화신처럼 보인다. 무엇보다 그녀가 가꾸는 국화는 동네에서 가장 큰 꽃으로 유명하다. 꽃보다는 돈이 되는 사과를 국화처럼 키우기를 은근히 바라는 남편을 아랑곳하지 않고, 엘리사는 꽃을 가꾸는데 열중한다. 그녀에게 꽃은 무엇을 의미하는 것일까? 소 30마리를 제값에 판 것을 축하하기 위해 남편은 소싸움, 혹은 권투경기에 가길 원한다. 그러나 엘리사는 싸움을 싫어하고, 영화를 보고 아름다운 호텔에서 멋진 저녁식사를 원한다. 영화를 보기위해, 멋진 호텔 식사를 위해 노동하던 옷을 벗어던지고, 몸을 깨끗하게 닦아낸다. 영화와 멋진 저녁식사는 무엇을 의미하는 것일까?

사과 대신 꽃, 싸움 대신 영화와 호텔식사, 그것은 생존을 위한 노동을 넘어 삶을 향유하고자 하는 예술적 삶의 양식이다. 먹고사는 문제가 웬만큼 해결되면 인간은 세상의 아름다움과 경이로움에 찬탄하고, 그 아름다움을 재현하고 창조하려는 욕구를 느끼게 된다. 노동하는 주체에서 향유하는 문화적 인간의 탄생이다. 먹고사는 문제조차 해결하지 못하면서 아름다움을 찬탄하는 것은 어딘지 허풍스럽고 허위적일 수 있지만, 생존의 문제가 해결되면 누구나 삶을 향유하고 관조하기 시작하는 것은 인지상정이다. 삶의 의미를 사유, 성찰하고 나면, 의미 있고 가치 있는 충만한 삶을 추구한다. 더 나아가 삶의 3차원적 유한성에 사유가 이르면, 초월을 꿈꾸기도 한다. 보이지 않은 차원, 의미를 찾아 나서게 되는 것이다, 그러면 비로소 인간의 의식에는 두께가 생기고, 생물학적 존재를 뛰어넘는 인간다움이 만들어지게 된다. 켄 윌버(Ken Wilber)식으로 말하면 "noosphere"의 탄생이다.

꽃은 생존에 필수품은 아니지만, 생명의 절정을 품은 지고한 아름다움의 상징이다. 엘리사가 국화에 열정을 쏟는 것은 생존을 넘어 아름다움에 대한 그녀의 열정을 상징한다. 노동하던 옷을 던지고 깨끗하게 몸단장하는 것은 꽃만큼이나 아름다운 그녀 몸이 품은 생명의 절정을 표현하려고픈 욕구다. 특정한 대상을 향했다기 보다는.... 땜쟁이의 출현은 아름다움에 대한 그녀의 열정에 공감할 수 있는 대상의 출현이었고, 엘리사는 땜쟁이라는 실체보다는 그녀의 열정에 대한 공감에 뜨겁게 반응한 것이다. 그녀의 성적욕구는 그 자체가 아름다움과 삶의 향유에 대한 욕구다. 동물에게 성(性)은 종족번식의 행위이지만, 인간에게 성은 '충만함'의 체험이다. 둘이 하나가 되고, 생명이 폭발하는 정신적 차원이 더해진 것이 인간의 성이다. 엘리사의 뜨겁게 출렁이는 가슴은 충만한 삶에 대한 욕구의 표현인 것이다. 엘리사가 싸움보다 영화를 선택하는 장면은 삶에 거리를 두고 삶을 사유하고 향유하는 삶을 선호함을 여실히 증명해준다. 좋은 날씨를 따라 이동하는 땜쟁이의 삶이 엘리사에게 매력적인 이유도 그의 유유자적 관조한 삶, 매이지 않고, 걸림 없는 초월적 삶을 그녀가 욕망하기 때문이다.

그러나 그녀의 욕구는 좌절당한다. 그녀의 갈망에 공감했을 거라고 여겼던 땜쟁이는 일거리를 얻을 욕심으로 국화에 관심 있는 척했을 뿐, 국화와 흙은 길 위에 버리고 화분만 갖고 떠나는 남편만큼이나 일차원적 인간이다. 경제적 사회적 고립에서 벗어나지 못하고 좌절하는 스타인벡의 다른 인물들처럼 엘리사도 자신의 예술적 욕망에 대한 공감을 얻지 못한 채 좌절하는 인간으로 제시된다. 생존만이 강함이고, 삶에 대한 예술적 향유는 사치일 뿐이고, 좌절의 눈물은 나약함으로밖에 여겨지지 않는 남편의 세계에서 엘리사는 아무런 공감도 얻어내지 못하고 좌절하고 만다.

스타인벡은 삶에 대한 엘리사의 대한 예술적 관조적 열정을 국화 키우기를 통해 표현하고, 국화보단 실용적 사과를 선호하는 남편과, 국화를 쓰레기처럼 저버린 땜쟁이 남자를 통해 엘리사의 좌절을 아름답고 치밀한 언어로 형상화한다. "국화"라는 언어로 쓰인 그림은 어두운 빛깔이지만, 렘브란트의 그림처럼 어둠속에서 엘리사의 찬란한 열정은 형형하게 빛난다.

베일에 가려진 물자체: 헤밍웨이의 "깨끗하고 밝은 장소" (A Clean Well-lighted place)

이 짤막한 단편은 헤밍웨이 특유의 허무주의적 토운이 짙게 깔려있는 작품이다. 허무주의적 토운은 늦은 밤 카페에 앉아 술을 마시곤 하는 정체를 알 수 없는 한 노인에 대한 두 웨이터의 대립되는 태도에 의해 만들어진다. 노인이 실제로 부자인지, 지난주 자살을 시도했는지, 부인없이 조카의 돌봄을 받고 있는지, 어느 것도 사실의 여부를 확인할 수 없다. 진실은 언제나 베일 속에 가려진 것처럼 노인의 실체는 베일이 가려져있다. 단지 베일이 가려진 실체의 실루엣을 보면서 두 사람이 이러쿵 저러쿵 자신의 속내를 드려내고 있을 뿐이다. 중요한 것은 삶에 대한 상반된 두 종류의 태도를 상징하는 두 사람들의 속내다 ("We are of two different kinds")(161).

늦은 밤 창녀와 길을 가는 군인을 바라보면서 두 사람의 차이가 적나라하게 드러난다. 늙은 웨이터는 "군인이 원하는 것을 찾았는데 무엇이 문제냐"고 말한다. 허망한 인생살이, 버찌가 먹고 싶으면 당장 사서 먹으면 그뿐, 문제될 것이 없다는 다소 쾌락주의자적 면모다. 그에 반해 젊은 웨이터는 군인의 일탈 자체를 문제삼기 보다는 헌병에게 걸릴테니 조심해야 할거라고 말한다. 법을 위반했을 때 법 자체를 문제삼거나 혹은 법의 위반에 대한 죄책감이 문제되는 것이 아니라 교통경찰에 걸린 것이 문제라는 태도와 흡사하다. 그는 사회적 규범을 중시하는 것 같지만 실은 문제의 본질에서 벗어나있다. 본질을 건드리지 못하는 겉도는 삶, 젊은 웨이터의 태도는 노인의 본질적 문제에는 관심이 없고, 오로지 자신이 집에 가야 하는데 장애가 되는 존재로서 노인을 바라보는 굴절된 시각을 가지고 있다. 노인은 아내가 있어도 소용이 없다든다, 자신이 집에 가는 것은 방해할 바엔 차리리 노인이 자살하는 편이 나았을 거라는 말, 노인은 지저분한 존재이며, 노인을 바보 취급하는 태도 등은 사물의 본질에서 벗어나 자기중심적으로 사물을 왜곡시키는 태도다.

반면, 늙은 웨이터는 상당히 다르다. 자신은 "카페에 오래 머물고 싶은 사람이고, 잠들기 싫어하는 사람이고, 밤에도 불이 필요한 사람들 중 하나"라고 말한다. 그래서 자신은 노인을 잘 이해하고, 노인같은 사람을 위해서 카페를 오래도록 열어두고 싶은 사람이라고 말한다. 왜 카페의 불빛, 질서, 청결함이 필요한 것일까? 단순한 두려움이 아니라고 말한다. 그저 "nada" 때문이라고. 주기도문의 "하나님"을 "nada"로 바꿈으로써, 궁극적인 존재, 궁극적인 의미란 바로 텅빔이라고 적어 도 자신은 "본질"을 아는 자이기 때문이라고 말한다. 삶의 깊은 심연을 이미 엿 본 자, 삶의 본질적인 허무를 엿보았기 때문에 그는 그저 빛과 질서, 청결함을 유지하고 싶은 것 뿐이라고. 어둠과 카오스가 본질임을 엿본 자에게 빛과 질서는 무엇일까? 그것은 그저 위안일 따름일 것이다.

그런데 이야기는 여기서 끝나지 않는다. 작품에는 절묘한 아이러니가 숨어있다. 낮에는 거리에 먼지가 많지만 밤에는 먼지가 가라앉기 때문에 귀가 먹은 노인이 밤늦게까지 카페에 앉아있다고 말한다. 이 소설이 3인칭 서술자시럼이기 때문에 이 말은 늙은 웨이터의 의식에서 진행되는 말일 가능성이 높다. 그런데 이 말은 전혀 말이 안된다. 먼지와 귀먹은 사실과는 아무런 관계가 없기 때문이다. 또한 카페가 깨끗한 이유는 술을 팔지 않기 때문인데, 작품의 배경인 카페엔 술을 팔고, 막상 더러운 술집에서는 커피를 판다. 더불어 허무함 때문에 잠못 이루는 밤은 실은 그냥 불면증일지도 모른다고 말한다.

이러한 세 가지 설정은 늙은 웨이터의 말, 자신이 본질을 꿰뚫고 있다는 호언장담의 진실을 밑으로 훼손한다. 젊은 웨이터의 왜곡된, 혹은 피상성과 대비되는 늙은 웨이터의 현자적 진실마저도 작가는 스스로 훼손하면서 진실의, 사물의 본질에 다가갈 수 없는 인간의 한계를 노정한다.

무력함의 정치학 (A Politics of Powerlessness)

진 투머(Jean Toomer)의 소설 "피빛으로 불타는 달"(Blood-Burning Moon)은 백인우월주의에 희생되는 흑인들의 삶을 예시하고 있다. 다만 예시의 방식이 격렬한 비난이나 저항을 직접 다루지 않고, 무력한 침묵, 작은 도전의 무산, 불태워지는 힘센 빅보이(Big Boy)의 무기력, 달에 대한 여인들의 무고하고 뜬금없는 원망 투사를 통해 이 작품은 오히려 더욱 강력한 저항을 모색하고 있다. 즉, 강력한 것들이 무력해지는 반복적 패턴을 통해서 비극성을 한층 극대화하고, 극대화된 처연함을 통해 백인우월주의의 부당함을 비판하고 있다.

먼저 작품 전체에 주제적 토운을 창조하는 것은 여러 청각적 이미저리들이다. 다가오는 재앙에 놀라는 동물들의 짖어댐, 재앙을 상쇄하고자 달을 향해 부르는 여인들의 노래 소리, 마음속 "이상한 동요"(strange stir)(16)를 느끼는 루이자(Louisa)도 결국은 노래를 부르면서, 작품 전체를 지배하는 처연한 분위기를 창조해낸다. 특히 노래는 흑인문화에서 일종의 치유방식이다. 흑인들이 고된 노동과 천대 속에서 그래도 생을 포기하지 않았던 것은 그들 나름의 치유방식이 있었기 때문인데, 그 중 하나가 그들의 음악이다. 그러나 강력한 치유방식으로서의 노래는 재앙을 막아내지 못한다. 동물의 짖어댐은 그들 특유의 예리한 감각으로 흑인들의 수난에 자연조차 감응하고 있음을 상징하고 있지만, 동물조차 무력하 다. 진짜 재앙이 다가올 때 는 동물조차 숨죽이고, "여인들도 노래를 멈추고 창문을 내린다"(Singers in the town were silenced. They shut their windows down)(21).

특히 빅보이(Big Body)의 무너짐은 치명적이다. 그는 누구보다 힘센 흑인이고, 두 번이나 칼부림으로 다른 흑인을 해칠 만큼 폭력적이기 조차하다. 자신이 사랑하는 루이자가 백인 주인의 노리개가 되고 있다는 말을 듣고 분개하며 칼을 뽑을 정도다. 그러나 그렇게 힘센 빅보이는 루이자앞에서 한없이 무력하다. 그는 자신의 사랑을 어떻게 표현해야 할지 모른다. 뿐만 아니라, 그토록 힘센 그가 밥 스톤(Bob Stone)을 해하고 백인들이 "개미떼처럼" 몰려들고, 위협적으로 흑인마을로 다가올 때 그는 "뿌리박힌 듯 움직이지 못한다"(He seemed rooted there)(22). 그는 무력하다. 사태를 파악하고 도망하려고 하지만 이미 너무 늦었다. 그는 결국 포박되어 백인우월의 상징인 목화공장안에 갇혀 어이없는 죽음을 맞이한다. 그는 얼굴은 마치 "새까만 돌"(blackened stone)처럼 굳어진다. 한없이 무기력하다. 강한자의 무력함은 더욱 비극적이다.

무력한 것은 소리들과 빅보이뿐이 아니다. 이 작품에는 전통적으로 미학적 생명력의 상징인 달이 제 역할을 못한채 무력하다. 달은 전통적으로 "모든 생명을 위한 탄생의 시간"을 상징한다. 보름달은 생명의 시작을 알리고, 또한 보름달이 뜨면 축제의 시간이다. 그러나 축제와 생명의 상징인 달은 죽음의 상징으로 치환된다. 마찬가지로 우물 역시 생명의 물을 퍼올리는 장소이다. 그런데 우물도 보름달처럼, 생명 대신 죽음으로 장소로 치환된다. 백인들이 본능적으로 자신의 우월성을 입증할 과거의 유산인 목화공장에서 톰을 화형시키기로 결정했기 때문에 우물은 다행히 죽음의 장소로 결국 낙점되지는 않는다. 그렇더라도 우물은 적극적으로 생명을 기르는 역할을 다하지 못하고 무력한 채 남아있다. 여인들은 비극의 진짜 원인을 알면서도 차마 대놓고 원망하지 못하고, 대신 원망을 달에게 투사함으로써, 작품 전체 부당함의 토운을 강화하고 있다.

빅보이의 죽음이라는 비극을 초래한 진짜 원인은 백인우월주의다. 작품은, 남북전쟁이 끝나고 노예해방이 이뤄졌음에도 불구하고 여전히 여인을 강탈할 마땅한 권리를 주장하고, 자신의 소유를 뺏기면 당연히 그자를 법없이도 죽일 수도 있다고 믿는 백인우월주의를 탓하는 대신, 미학적 생명력을 상징하는 달을 애궂게 원망할 뿐이다. 백인우월주의는 전쟁이 한참 끝난 다음에도 여전히 "유령"(ghost)(67)처럼 흑인의 거리를 활보한다. 빅보이가 죽은 다음에도 현관에 앉아 그를 기다리며 노래를 부르는 루이자는 한없이 무기력하지만, 진 투머는 작품 전체에서 부당한 무기력을 재현함으로써 오히려 흑인의 치열한 집단적 저항을 선동한다. 그런 의미에서 무기력은 정치적 도화선이 된다.

글을 다 쓰고 나면 스스로 확인해야 할 점들이 있다.

체크 리스트

1. 글의 분량은 적절한가?
   폰트, 쪽수, 여백, 줄간격 등등. 교수의 요구를 상기한다
2. 단락 쓰기를 잘하고 있는가?
3. 제목은 충분히 흥미로운가?
4. 서론은 충분히 흥미로운가?
5. 분명하고 창의적 논지가 있는가?
6. 논지에 대한 논증이 설득력이 있는가?
7. 작품에서 details가 충분히 인용되었는가?
8. 결론은 적절한가?
9. 글은 매끄럽고 유려한가
10. 오자 탈자는 없는가?

문학 논문 쓰기 - 대학원 기말 페이퍼 쓰기

이제까지 학부 영문학 수업에서 요구하는 짤막한 분석 논문 쓰기를 설명했다. 이번엔 통상 대학원 문학 강의에서 요구하는 대여섯 쪽 분량의 기말 페이퍼 쓰는 방법에 대해 설명하려고 한다. 대학원 기말 페이퍼도 짤막한 페이퍼와 같은 방식으로 텍스트를 경험하고, 분석하고(자세히 읽기를 통해 연관되는 부분을 연결하고, 연결을 통해 발견되는 패턴의 의미를 유추하는 것), 평가하는 단계를 거친다. 서론, 본론, 결론을 쓰는 방식

역시 동일하다. 하지만 분량이 제법 길기 때문에 논지를 위한 문제 의식의 폭이 보다 넓어야 하고, 논증 역시 짤막한 논문보다 치밀하고 상세해야 한다.

대학원 기말 페이퍼는 학위 논문을 쓰기 위한 연습 과정이다. 매학기 매강의마다 과제로 부과되는 기말 페이퍼 쓰기를 연습함으로써 학위 논문, 생애 최초 한 권 책 분량의 연구 결과를 마침내 생산하게 된다. 그러므로 기말 페이퍼는 본격적인 연구 연습이며 장문의 글쓰기 연습이다.

모든 연구는 결국 자신만의 문제 의식을 갖고, 문제 의식을 질문으로 만든 다음, 연구를 통해 질문에 대한 답을 발견하는 것이다. 통상 문제 의식을 갖게 되면 문제의 맥락과 배경을 알기 위해 문제와 관련된 책과 논문들을 읽는 것이 보통이다. 그러나 대학원 강의가 요구하는 기말 페이퍼는 해당 텍스트 분석에 한정된 문제 의식을 요청한다. 따라서 텍스트에 대한 어떤 문제 의식이든, 텍스트 안에서 해결되어야 한다. 즉 문제 의식이란 텍스트의 의미에 대한 문제 의식이다. 강의 시간에 자신의 분석과 대립된 의견이 제시되었거나 교수가 텍스트에 대한 일반적인 분석을 제시했을 때, 학생이 이들과 상이하거나 대립된 의견을 가지게 된다면 기말 페이퍼 쓰기는 한결 쉬어진다. 자신의 분명한 의견이 있기 때문에 의견을 주장하고, 이를 텍스트 안에서 증명하면 되기 때문이다.

어떤 학생들은 특정한 철학자들, 데리아, 푸코, 들뢰즈와 같은 큰 이름의 철학적 이론을 근거로 해서 텍스트를 분석해야 문학 분석 페이퍼가 되는 줄로 착각하는 경우가 허다하다. 그렇지 않다. 전 장에서도 말했지만 문학 페이퍼는 철학 이론의 타당성을 증명하는 문서가 아니다. 이론틀을 사용해서 분석 텍스트의 새로운 의미가 밝혀질 수 있다면 그때 이론은 훌륭한 해석틀로써 활용될 수 있지만, 텍스트에 무작정 이론을 들이댈 필요는 없다. 특히 기말 페이퍼의 수준에서 딱히 일정한 해석틀을 사용할 필요는 없다. 물론 이론 활용을 금지할 필요도 없겠지만, **기말 페이퍼 수준에서는 텍스트의 상세한 부분을 연결해서 스스로 텍스트의 의미를 발견하는 훈련이 먼저다**.

대학원 과정은 학부와 다르다. 학부의 문학 텍스트 분석 글쓰기가 학교 이외 어디에나 적용될 수 있는 분석 글쓰기를 훈련하기 위해 문학 텍스트를 활용한다면, 대학원은 보다 전문성을 갖추는 기초 문학 연구 훈련이다. 그럼에도 불구하고 기본적인 과정은 비슷하다. 다만 보다 전문적 글쓰기를 위해 문제 의식을 질문으로 써보기, 질문에 대한 답으로써 논지 진술하기에 대해 좀 더 상세하게 설명해 보려고 한다.

1) 유의미한 질문 던지기

학부 과정에서는 교수가 학생들이 답해야 할 질문을 주는 경우가 많다. 하지만 대학원에서는 학생들 스스로 질문을 던져야 한다. 그런데 스스로 질문을 던진다는 것이 쉽지 않다. 앞서 말한 대로 강의 중 토론 시간에 교수가 생각하는 텍스트의 의미, 다른 학생들이 생각하는 텍스트의 의미가 나의 의견과 상이할 때 질문 던지기는 상당히 용이하다. 대립의 지점이 바로 내 연구의 출발점이 되기 때문이다. 그런 행운이 없을 경우 자신에게 이렇게 물어야 한다.

• 작품 텍스트를 처음 읽고 특별히 관심이 있는 이미저리, 구절, 장면이 있었던가? 만일 그런 이미저리, 구절, 장면이 있었다면 행운이다. 바로 그 지점에서 출발하면 된다. 왜 특정한 이미저리, 구절, 장면이 내게 매혹적이었는가를 질문한다. 자신의 경험과 느낌을 신뢰하라. 내게 매혹적인 이미저리, 구절, 장면은 분명히 작품 전체의 의미와 연관될 확률이 많다.

• 텍스트를 읽으면서 혼란스러웠던 부분이 있었던가? 이를테면 작품 속 어떤 인물의 행동이 도저히 이해할 수 없는 경우가 있을 수 있다. 이를테면 마가렛 앳우드의 소설 『레이디 오라클』에서는 엄마가 딸을 칼로 찌르는 장면이 나온다. 뚱뚱한 딸이 날씬해지는 것이 엄마 평생의 프로젝트인데 딸이 마침내 날씬해지자 엄마는 딸에게 칼을 들이댄다. 이해하기 힘든 부분이다. 이런 인물의 심리를 이해하려면 정신분석학 이론이 필요할 수도 있다. 물론 작품 안에서도 충분한 이유를 찾아볼 수 있고, 기말 페이퍼에서 그 이유를 규명함으로써 텍스트의 전체 의미를 유추해볼 수 있다.

• 텍스트를 읽으면서 주요 인물들이 반복적으로 사용하는 구절이 있는지, 반복되는 이미지가 있었던가? 반복되는 구절과 이미지가 어떤 패턴을 형성하고 있는지 발견하고, 그 패턴의 의미를 파악하면서 텍스트 전체의 의미에 다가갈 수 있을지도 모른다.

• 텍스트에서 이상하게 대립되는 부분이나 아이러니가 있었던가? 위대한 작품들은 복잡하다. 이를 테면 작품의 제목은 "행복한 나날들"

인데, 작품의 내용은 비참한 고아의 이야기일 수 있다. 작품의 제목은 "위대한 개츠비"인데 작품 속 개츠비는 불법을 일삼는 전혀 위대하지 않은 인물일 수도 있다. 이런 대립적 요소들이 작품의 의미를 열 수 있는 열쇠가 될 수 있다.

위와 같이 관심 있는 인물, 구절, 이미지러, 장면이 있는지 살펴보고, 이들과 관련하여 보다 구체적으로 질문해 본다. 질문의 구체성과 적절성이 기말 페이퍼의 질과 밀접하게 연관된다. 질문은 반드시 논쟁적이어야 한다. 뭔가 증명할 수 있는 질문이어야 한다. 분석이 필요하지 않은 질문, 개인적인 사건과 연관되는 질문은 부적절하다. 적절한 질문과 부적절한 질문의 예를 들어보겠다.

적절한 질문:

"로미오와 줄리엣의 부모는 로미오와 줄리엣의 죽음에 책임 있는가?
"작품 『파리대왕』에서 왜 돼지들이 계속 출현하는가?"
"작품 『프랑켄슈타인』에서 프랑켄슈타인 박사와 괴물은 닮았는가? 닮았다면 어떤 면에서 닮았는가?

부적절한 질문:

"『앵무새 죽이기』에서 등장 인물 스카우트에게 무슨 일이 있어났는가?"
"『주홍글씨』에서 주인공 헤스터 프린은 나의 누이를 어떻게 상기시키는가?"

2) 논지 진술 (Thesis statement) 하기

질문을 던지고 나면 답이 무엇인지 나름의 윤곽이 잡힐 것이다. 그러면 질문에 대한 답이 바로 논지다. 기말 페이퍼를 쓸 때 논지 진술이 따로 요구되지는 않지만, 학위 논문의 경우는 학위의 필수 과정의 한 부분으로써 논지 진술 혹은 프로포절(proposal)을 제시하는 발표를 해야 한다. 적절한 논지 진술이 갖춰야 할 조건을 먼저 보고 예를 들어 설명한다.

• **논쟁적이어야 한다.** "『에밀리를 위한 장미』는 미국의 남부를 묘사하고 있다"는 진술은 논지 진술이 아니라, 사실 진술이다. 사실은 논쟁거리가 아니다. 논지는 논쟁거리가 되어야 한다.

• **텍스트 안에서 증명이 가능해야 한다.** "『리어왕』은 혼란스럽지만 궁극적으로는 훌륭한 작품이다"는 작품에 대한 개인적 의견이다. 물론 논쟁이 가능하긴 하지만, 작품 안에서 증명 가능한 의견은 아니다.

• **논지 진술은 뻔해서는 안된다.** "『위대한 개츠비』에서 주인공은 성장한다"는 너무 뻔해서 적절한 논지 진술이 아니다. 논지 진술은 누구나 알 수 있는 뻔한 주장이 아니라, 깊이 봐야 보이는 심도 있는 주장이어야 한다.

• **논지 진술은 구체적이어야 한다.** "프랑켄슈타인의 괴물은 인간 조건에 대해 많은 것을 말해준다"는 너무 모호하다. "많은 것"이 구체적으로 무엇인지, 괴물이 인간 조건에 대해 어떻게 무엇을 말해주는지 구체적으로 진술해야 한다.

적절한 논지 진술의 예

• **질문**: "『로미오와 줄리엣』에서 연인들의 이야기를 만들어내는 가장 강력한 요소는 무엇인가? 운명인가? 어리석음인가?"
• **논지 진술**: "셰익스피어는 로미오와 줄리엣을 '이루어질 수 없는 운명의 연인'(star-crossed lovers)라고 규정하고 별과 행성 같은 이미지들이 작품에 빈번하게 나타나지만, 이런 이미지들을 자세하게 살펴보면 별들은 등장 인물의 어리석은 행위를 목격하고 증언하는 역할을 하고 있을 뿐 행위의 원인은 아니다."

• **질문**: 플래너리 오코너의 단편 「그린리프」의 주인공 매이 부인은 그녀의 숙적인 그린리프 부인과 닮았다. 어떤 면에서 닮았는가? 그 닮음은 작품의 의미와 어떻게 연결되는가?
• **논지 진술**: 오코너의 단편 「그린리프」의 주인공 매이 부인은 자신이 고용한 일꾼인 그린리프에 대해 의식적으로는 우월감을 느끼지만, 저자는 매이 부인과 그린리프 부인의 목소리는 같은 단어를 통해 묘사함으로써 두 사람의 상동성을 드러내고 매이 부인의 독선을 드러낸다.

3) 기말 페이퍼의 예

아래 기말 페이퍼의 예는 바로 위 플래너리 오코너의 작품 「그린리프」에 대한 질문과 논지 진술에 따라 작성된 페이퍼다. 자세하게 읽어보면 대학원생으로서 기말 페이퍼를 쓸 때 단락 쓰기, 분석하기, 서론, 본론, 결론 쓰기, 인용 문헌 나열하기 등등을 참고할 수 있는 좋은 샘플이 될 수 있으리라 믿는다. 하지만 이 논문이 저널 페이퍼로 출판되기 위해서는 작품에 대한 선행 연구가 더 필요하다. 그러므로 이 논문은 저널 페이퍼로는 부적절하고, 선행 논문 연구를 필수적으로 요구하지 않는 기말 페이퍼로는 적절할 것이다.

숙적(宿敵)의 무의식적 상동성: 플래너리 오코너의 「그린리프」 읽기

소설은 질문한다. 진실로 통용되는 상식과 통념이 '지금/여기'에서도 진실일 수 있는지 질문한다. 그래서 상식과 통념의 매끈한 표면에 균열내고 그 아래 엎드린 어두운 심연을 드러냄으로써, 자기기만과 독선을 들춰낸다. 어차피 자아에 대한 진실이든, 타자에 대한 진실이든, 더 나아가 상황 또는 사회에 대한 진실이든, 그 진실 자체에 대한 총체적 관점은 확보하기 힘들다. 우리가 아는 진실은 언제나 관점 의존적일 뿐, 총체적 진실은 언제나 신비의 베일에 가려있다. 그러한 인식은 하나의 관점이 포괄적이라고 주장하거나 부분이 전체라고 고집하는 독선을 경계하도록 만든다. 그래서 소설은 질문한다. 총체적 진실이라고 굳게 믿었던 자아, 타자에 대한 판단이 과연 진실인지, 질문한다.

플래너리 오코너(Flannery O'Connor)의 단편 「그린리프」("Greenleaf") 도 질문한다. 대다수 오코너의 단편 주인공들처럼 「그린리프」의 주인공 역시, 습관화된 자아 의식의 두터운 표면을 깨뜨리고, 그 아래 심연처럼 웅크린 무의식의 그림자를 발견함으로써, 자아에 대해 보다 총체적인 진실에 근접하는 이야기를 담고 있다. 스스로 고난 받는 영웅으로, 실재를 조감하는 "어른"으로 여기는 주인공 매이부인(Mrs. May)의 의식은, 의식의 표면 아래 들끓다가 마침내 균열을 뚫고 폭발하는 무의식의 공격을 받아, 자신이 더 이상 영웅이나 어른이 아니었으며, 자신이 그토록 미워하던 것들과 오히려 닮았음을 깨닫는다.

서로 미워하면 무의식이 닮아가는 것일까, 아니면 이미 너무 닮아서 미운 것일까? 숙적으로 살아온 사람들의 안팎이 어느새 서로 닮아있는 경우는 흔하다. 때로 텔레비전 화면에서 포박하는 형사와 포박 당하는 범죄인을 외모로는 도통 구분하기 어려운 경우가 허다하고, 이념이 판이하게 달라도 하는 짓이란 여당이나 야당이나 도토리 키 재기로 느껴질 때가 꽤 많으니까 말이다. 한편, 이유 없이 누군가 미운 경우, 나의 무의식적 욕망을 그 사람에게 투사하는 까닭이란다. 미워해서 닮든, 닮아서 미워하든, 모두 정신분석학적 용어로 "투사적 동일시"(projective identification)인데, 오코너는 매이부인의 투사적 동일시를 수단으로 하여 진실의 심연을 드러낸다.

「그린리프」는 절묘하고 풍부한 상징성으로 인하여 비평가들의 주목을 받아왔다. 특히 황소는 작품의 핵심적 상징인데, 이에 대하여 대부분의 비평은 오코너가 가톨릭 신자라는 전기적 사실에 입각하여 기독교적 은총과 비전을 드러내기 위한 장치로 파악하는 경우가 많았다. 낸시 앤 기든(Nancy Ann Gidden)은 황소를 태양과 대비하여, 각각 디오니소스적 엑스터시와 아폴론적 이성으로 해석하지만, 이와 같은 고전적 신화는 결국 기독교적 회심을 궁극적으로 드러내기 위해 차용한 것이라고 결론 맺는다("Classical myth, it seems, has been employed in the service of Christian conversion"(202)). 그런가 하면 캐더린 루트(Kathleen Rout)는 황소가 매이부인의 사회적, 성적, 종교적 안이함을 깨뜨리는 예수 자신을 상징한다고 해석한다("He[the scrub bull] is Jesus stabbing her in the heart... he is the 'bullet' of divine wrath and Greenleaf vengeance"(235)).

그러나 오코너 소설의 주제를 기독교적 은총이나 비전으로 단정하는 것은 오코너 주제의 보편성을 축소할 가능성이 농후하다. 특히 황소를 예수의 상징으로 해석하는 것은, 팔만 들고 있으면 예수의 상징으로 해석하기 좋아하는 기독교 비평의 편협한 아류일 뿐이다. 오코너가 가톨릭 신자임은 분명하다. 그러나 그녀가 '가톨릭 작가'인 것은 그녀가 가톨릭적 세계관과 인간관을 지니고 있음을 의미하지, 기독교 교리를 형상화하거나 기독교적 회심을 강요하는 작가라는 뜻은 아니다. 여기서 비평가 신형철의 말을 상기해보자. 그는 그의 비평서 『몰락의 에티카』에서 이렇게 말한다.

> 소설은 현실을 반영하는 것이 아니라 현실을 먹는다. 이를 테면 거울이 아니라 위장(胃腸)이다. 이 점을 간과할 때 오해가 발생한다. 어떤 음식을 먹었는지 충실히 보여주는 위장이 좋은 위장이 아닌 것처럼,

> 당대적 현실의 세목들을 충실히 반영하고 있는 소설이 꼭 좋은 소설인 것은 아니다. (23)

'현실' 대신 '종교'로 단어를 바꿔도 무방하다. 즉 소설이 현실을 먹어 치워서, 전혀 다른 것을 배출해야 하는 것처럼, 오코너의 소설은 스스로 『신비와 매너』(*Mystery and Manners*)에서 밝히듯이, 기독교적 세계관과 인간관을 생경하게 배출하는 것이 아니라, 소설적 현실 안에서 완전히 소화되어 질적·양적으로 변환된, 전혀 다른 세상사와 인간 관계로써 재현할 뿐이다(167).

그러므로 「그린리프」에서 황소를 예수와 동일시하는 것은 오코너의 창작 의도와 어긋날 뿐 아니라, 텍스트의 내부적 일관성으로 볼 때 적절한 해석일 수 없다. 황소를 예수와 동일시하는 비평은 작품 첫머리 황소를 "그녀[매이 부인]에게 구애하러 내려온 어떤 인내심 많은 신"("some patient god come down to woo her"(348))이라는 묘사와, 황소가 뿔에 걸려있는 울타리 넝쿨을 "위협적인 가시 같은 왕관"("menacing prickly crown"(349))으로 묘사하는 구절에 착안한다. 사랑하기 위한 신의 이미지나, 가시 왕관을 쓴 이미지는 황소를 예수와 동일시하도록 유혹할 만도 하다. 그러나, 무엇보다도, 매이 부인에게 황소는 유일한 삶의 터전인 농장을 잘근 잘근 먹어 들어가는 위협적 존재이며, 우유 생산에 절대적 자산인 암소를 겁탈하여 생산에 차질을 빚을지도 모르는 무절제한 섹슈엘리티, 트럭만 보면 뿔로 들이받는 공격성의 육화다. 그런 육화가 예수일 수 없다. 예수는 희생과 사랑의 전범이다. 제아무리 황소뿔에 들이받힌 후, 매이부인이 홀연히 빛을 만난다 하여도 황소는 그 빛을 매개하는 존재일 수는 있어도 행여 빛 자체일 수는 없다.

그렇다면 황소는 무엇인가? 작품의 첫 머리에 황소는 달빛 아래 어둠 속에서 홀로 사는 매이부인을 유혹하는, 무절제한 남성성의 화신(化身)이다. 황소가 굳이 "신"이라면 그 신은 어여쁜 여자마다 겁탈을 일삼는 제우스와 같은 "신"일 뿐이다. 신들의 왕이라는 막강한 신적 권위는 박탈된, 바람둥이의 이미지만 남은 제우스의 그림자다. 마치 어둔 밤 창 아래 꽃을 들고 사랑하는 여인에게 구애하는 외형적 구조를 가지고 있지만, 불행하게도 구애하는 황소가 들고 있는 것은 꽃이 아니라 위협적 가시 나무일 뿐이다. 아름다운 장미의 가시, 가시는 장미의 그림자다.

그런가 하면, 황소는 실제로 "태양의 그림자"("its[the sun's] shadow"(357)), "까맣고 무거운 그림자"(367), "철 그림자"("iron shadow"(364))등, 한결같이 "그림자"로 묘사되는데 주목하지 않을 수 없다. 그러한 그림자가 매이부인의 소유지를 갉아먹고 있으며, 매이부인 농장의 주요 자산인 암소를 겁탈할까 노심초사하는 것은, 단순히 물질적 자산에 대한 위협을 넘어선다. 그림자는 바로 매이부인이 인정하기 두려워하는 매이부인의 무의식적 그림자임을 누누이 암시하고 있는 것이다. 융에 따르면, 자기의 실체에서 인정하기 싫어하는 부분은 그림자로 억압되고, 그림자를 감추기 위한 가면으로 페르소나가 형성된다.

매이부인은 스스로 남편이 유일하게 유산으로 물려준 농장을 경험도 자본도 없이 성공을 일궈낸 "탁월한 여인"("remarkable woman"(357))으로 여긴다. 15년 동안 날씨, 흙, 일꾼까지 적대적인 환경에서 꿋꿋하게 농장을 지키고 두 아들을 키워낸 영웅이지만, 어리석은 주변 인물들을 인내하며 홀로 고투하는 "희생자"이며, 현실을 제대로 아는 유일한 "어른"이다. 계층적, 인종적 우월감도 남다르다. 일꾼인 그린리프 가족은 게으르고 불결하고 어리석은 "쓰레기"지만, 자신은 청결하고 "점잖은 기독교인"으로 여긴다. 흑인들 대상으로 보험을 파는 큰 아들은 점잖지 못한 직업 때문에 결혼도 힘들다고 여길 만큼 백인으로서의 인종적 우월감을 가지고 있다. 모두 매이부인이 쓰고 있는 페르소나다.

그러나 15년 동안 잘 버텨온 페르소나가 위협에 직면한다. 바로 무의식의 그림자가 페르소나를 위협하는 것이다. 15년 동안 불결한 "쓰레기" "잡종 인간"으로 무시했던 그린리프의 쌍둥이 아들들이 번듯하게 성공했기 때문이다. 빈한한 일꾼의 아들들이지만 군대에 간 덕에 대학도 졸업하고, 괜찮은 프랑스 아가씨들을 만나 결혼하고, 생각보다 행색이 그럴듯한 아이들을 각각 셋씩이나 두고, 자신은 돈이 없어서 아직 미루고 있는 최신식 낙농 설비까지 갖추고 보니 은근히 질투가 나지 않을 수 없다. 게다가 매이부인의 아들들은 결혼도 못하고, 엄마가 죽으면 엄마가 그토록 싫어하는 그린리프 부인같은 여자와 결혼하겠다는 둥, 엄마를 괴롭히는 말만 골라하는 천하의 불효자들이니, 계층적 자존감과 15년간의 성공에 대한 자부심이 하루 아침에 무너질 판이다. 매이가의 자손은 끊기고 존재가 소멸할 위험에 처했는데, 그토록 미워하고 무시했던 "쓰레기" 그린리프가는 대대손손 번창할 거라는 예감에 매이부인은 불안하기만 하다.

매이부인의 불안은 황소의 출현에 최고조에 이른다. 그러므로 황소는 폭발할 듯한 매이부인의 불안을 투영하고 있는 상징이다. 황소는 매이부인의 페르소나 아래 감춰졌던 자신의 그림자인 것이다. 그 그림자는 동시에 그린리프이기도 하다. 매이부인이 계속해서 황소를 폄하하여 "잡종"이라고 부르듯이, 그린리프도 "잡종 인간"으로 명명하면서, 황소와 그린리프를 "잡종"으로 싸잡아 부르는데, 이로서 매이부인의 의식 속에서 그린리프와 황소는 동일시된다. 그리하여 황소와 그린리프는 공히 매이부인의 그림자, 부지런하고 성공적인 영웅의 페르소나에 감춰진 실패자, 청결하고 점잖은 기독교인의 페르소나에 감춰진 살인적 공격성, 현실을 제대로 보는 유일한 어른의 페르소나에 감춰진 유치한 질투심을 투영하는 존재들이 된다.

매이부인이 죽는 순간, 자신의 그림자를 껴안듯이 황소를 껴안는 장면은 일종의 치유의 순간이다. 자아의 내면에 꼭꼭 숨겨두었던 심연, 그 어두운 그림자를 의식화하고 자기 안에 포용하고, 분열된 자아를 치유하는 순간이다. 매이부인의 죽음이 깨달음의 순간이라면, 그것은 바로 자신의 그림자가 '자기'의 한 부분이었음을 깨닫는 순간이다.

이처럼 오코너는 매이부인이 황소와 그린리프를 동일시하기 위하여 "잡종"이라는 같은 낱말을 사용하는데, 또한 작가는 매이부인과 황소를 동일시하기 위하여 매이부인을 "철의 손"(357)으로, 황소를 "철 그림자"(364)로 묘사하면서 의도적으로 "철"이란 수식어로 매이부인과 황소의 동일성을 암시한다. 같은 방식으로 작가는 의도적으로, 매이부인과 부인의 최고 숙적인 그린리프 부인이 실상 동전의 양면처럼 같은 존재임을 같은 낱말과 상황을 사용함으로써 암시한다. 매이부인은 자신이 그린리프같은 인간들과는 차원이 다른 존재임을 누누이 각인시키지만, 작가는 오히려 둘이 서로 닮은 짝패임을 여러 번 암시한다.

매이부인은 그린리프부인을 경멸한다. 그런데 작가는 절묘하게도 두 사람 목소리를 똑같이 묘사한다. 똑같은 "목 쉰소리"(gutteral)란 형용사를 사용한다. 다분히 의도적이다. 어둔 밤, 창문 아래에서 관목을 뜯고 있는 황소에게 "저리 가라"(348)고 소리치는 매이부인의 목소리는 걸걸한 쉰소리다. 마찬가지로 숲속에서 겁탈당한 여자, 탈옥수, 불에 타죽은 아이들, 기차사고, 비행기사고, 영화배우들의 이혼 등, 불행한 신문기사들을 오려 땅에 파묻는 의식을 치르는 그린리프부인의 목소리도 걸걸한 쉰소리다. 또한 불결하고 추한 외형을 경멸하는 매이부인이나, 불결한 소식을 땅속에 파묻을 정도로 싫어하는 그린리프부인이나, 불결함을 혐오하는 태도는 두 사람이 아주 흡사하다.

뿐만 아니라, "예수여. 나의 심장을 찌르소서"(353)하면서 불결함을 혐오하면서도 마치 땅을 껴안듯이 불결한 구덩이를 껴안는 그린리프부인의 모습은, 자신을 찌르는 불결한 황소를 마침내 껴안는 매이부인의 모습과 너무나 닮았다. 그런가 하면 그린리프의 쌍둥이들이 매이의 아들이고, 매이의 아들들이 그린리프의 아들이어야 한다는 매이부인의 말은 단순히 부러움을 넘어서, 두 여인들이 짝패임을 암시한다.

스코필드(Scofield)와 웨슬리(Wesly)도 매이부인과 그린리프부인을 비교하면서, 그린리프부인과의 차원이 다르다고 믿는 엄마의 자존심을 건드린다. 앞서도 말했지만, 스코필드는 매이부인이 경멸해마지 않는, 그린리프부인처럼 뚱뚱한 시골 여자와 결혼하겠노라고 으름장 놓는다. 뿐만 아니라 스코필드 역시 매이부인처럼 병약한 아들을 위해 소금기 없는 음식을 마련하느니 차라리 그린리프부인처럼 기도하는 편이 낫겠다고 투덜댄다. 비교를 동일시로 보는 것은 다소 과장인 듯하지만, 비교 자체가 동급인 경우에만 가능하므로 어느 정도 동일시의 증거로 보는 것도 그다지 무리는 아니다.

이처럼 작가는 언어를 통해 교묘하게, 숙적인 매이부인과 그린리프부인이 무의식적 상동성을 지닌 짝패임을 암시한다. 또한 앞서 지적한 것처럼, 마지막 매이부인과 황소에게 들이받히는 장면을 애인이 포옹하는 장면으로 묘사함으로써, 숙적인 황소 역시 매이부인과 동일체임을 암시하고 있다.

그렇다면 숙적들의 무의식적 상동성을 그림으로써 오코너가 이 단편에서 질문하는 것은 무엇일까? 매이부인은 자신을 점잖고, 훌륭하고, 성공한 농장주로 여긴다. 게으르고 조잡한 일꾼 그린리프의 가족은 쓰레기라는 고정관념에 사로잡혀 있다. 소설은 매이부인이 굳게 믿는 자아에 대한 진실이 과연 진실인지 질문한다. 매이부인이 인정하지 않았던, 무의식의 심연 속에 감춰 놓았던 그림자는 매이부인이 숙적으로 삼아 놓은 그린리프가족과 황소에게 투사되었는데, 그 그림자가 상투적 표면을 뚫고 의식으로 침투한다. 그래서 자신의 믿었던 자아가 진실한 자아가 아니었음을 발견한다. 자신은 성숙한 "어른"이 아니라 유치한 질투의 화신이고, 성공한 농장주가 아니라 자식농사에 실패한 가장이라는 인정하고 싶지 않은 내면의 심연과 마주한다. 그리하여 자신이 그토록 미워하던 그린리프와 황소가 자신 내면의 그림자이고, 자기의 한 부분임을 발견하는 것이다.

뤼스 이리가레(Luce Irigaray)는 『사랑의 길』에서 이렇게 말한다. "사유의 새로운 시대, 존재의 새로운 시대가 열리려면 환원할 수 없이 인간 본연의 것으로 살아가는 모든 것이 부정되어야만 한다"(92)고. 이처럼 새로운 사유와 새로운 존재의 개막을 위하여, 과거의 존재는 늘 죽어야 한다. 심연과의 만남은 더 큰 도약의 시작이다. 자신을 새롭게 사유하는 것, 새로운 존재가 되는 것, 그것은 타자와의 때로 불편한 만남을 통해 시작되기도 한다. 자신의 어두운 면은 언제나 마주하기 불편한 진실이니까.

융은 의식과 무의식의 통합을 진정한 자기 실현으로 본다. 그러나 내 안에 수많은 내가 있기에, 단 한 번 최종적 통합이 아니라, 통합은 무한히 반복될 것이다. 동일성으로의 환원과 같은 폭력을 마땅히 경계해야 한다면, 「그린리프」에서 숙적들의 무의식적 상동성을 그림으로써 내 안의 여러 존재들이 마침내 통합된다기 보다는, 내 안의 수많은 "나"이든, 타자들과의 만남이든, 모든 존재들이 안팎의 관계 속에서 서로 스미고 섞이면서, 이리가레의 용어로 "공-속"(co-belonging)"하는 존재되기(becoming)하는 과정의 한 단면을 보여준다고 보는 편이 낫겠다. 그녀는 말한다. "인간이 자신을 개방하고 주의를 기울이고 상응하려는 그 존재는 항상 그의 세계에 속한다"(84). 나는 언제나 오롯한 자아가 아니라, 타자들과의 숱한 만남들이 내 안에 들어와 한 조각씩 나를 구성하는 것이니까. 내가 좋아하는 사람들만 내 안에 들어오지는 않는다. 내가 미워하는 사람들조차 나를 변형시키는 끝없는 되기의 과정에 있는 것이 바로 '존재'임을 작품은 새삼스레 일깨운다. 그리고 한걸음 더 나아가 "공-속의 관계에서 우리에게 필요한 매개를 마련해 주는 것은 오히려 차이 자체이다"(85). 그러므로 너와 나의 차이는 저주가 아닌 축복이다.

인용 문헌

신형철. 『몰락의 에티카』. 파주: 문학동네, 2008.

이리가레, 뤼스. 『사랑의 길』. 정소영 옮김. 서울: 동문선, 2009.

Giddens, Nancy Ann. "Classical Agents of Christian Grace in Flannery O'Connor's "Greenleaf." *Studies in Short Fiction*, 23:2 (1986: Spring): 201-202.

Rout, Kathleen. "Dream in a Little Dreams of Me: Mrs. May and the Bull in Flannery O' Connor's 'Greenleaf'." Studies in Short Fiction, 16:3 (1979: Summer): 233-235.

O'Connor, Flannery. "Greenleaf." *The Best American Best Short Stories of the Century*. John Updike Ed. New York: Scribners, 1999.

_______. *Mystery and Manners*. Sallly and Robert Fitzgerald Ed. New York: Farrar, Straus & Giroux, 1962.

학위 논문 및 저널 논문 쓰기

영문학 분야에서 석/박사 학위 논문과 저널 논문 모두 출판 가능한 본격 연구 논문이기 때문에 여기 함께 묶어서 논의한다. 학부에서 요구하는 짤막한 분석 페이퍼이든, 대학원 기말 페이퍼이든, 문학 텍스트를 분석하고, 분석한 결과를 서/본/결의 형식에 따라는 쓰는 점에서는 학위 논문이나 저널 논문이 모두 동일하다. 그러므로 학위 논문을 쓰기 위해 이 책을 참고하는 분들은 이 항목만 읽지 말고 본 장 전체를 참고하기 바란다. 학위 논문과 저널 논문이 다른 점이 있다면 이 논문에서는 분석 대상이 되는 문학 텍스트에 대해 이제까지 어떤 연구 결과가 있는지를 찾아보는 선행 연구가 필요하고, 더불어 선택한 주제에 대한 맥락으로써 문학사적 지식과 주제 관련 지식을 필요로 한다는 점이다.

1) 선행 연구 조사

학위 논문과 저널 논문에서 선행 연구는 매우 중요하다. 학위 논문과 저널 논문은 독창성을 필요로 한다. 논문은 문제를 해결해야 한다. 그럼으로써 논문은 새로운 지식을 생산한다. 학위 논문과 저널 논문에서 독창적인 문제 해결과 독창적인 지식 생산은 논문의 생명이다. 논문이 문제를 새롭게 접근하여 해결하는 것도 독창성이고, 문제에 대한 새로운 해결책을 제시하는 것도 독창성이다. 다시 말해서 특정 문학 텍스트의 의미는 이미 모두가 동의한다고 해도, 비록 같은 의미에 도달해도 다른 방식을 취할 수 있는데 이 역시도 독창적이라고 할 수 있다. 이를테면 플래너리 오코너의 단편 「그린리프」에서 소의 신화적 의미를 분석함으로써 매이 부인의 독선에 대한 비판을 주제로 끌어낼 수도 있고, 작품에서 반복되는 언어들을 분석함으로써 매이 부인의 독선이라는 동일한 주제에 다다를 수 있다. 모두 독창적이라고 할 만하다. 그런가 하면 많은 평자들은 한강의 『채식주의자』를 육식의 폭력성에 대한 비판을 주제로 해석하는 경우가 많다. 그런데 작품의 이미저리를 이제까지와는 다른 해석틀로 분석함으로써 여성의 성과 사랑에 대한 적극적인 예찬을 주제로 끌어낼 수도 있다 (샘플 참조).

이때 논문의 독창성을 확보하기 위해서는 과거 연구들과 나의 연구가 어떻게 차별화되는지를 서술해야 할 것이다. 차별성을 서술하기 위해서는 선행 연구가 필수적이다. 분석 대상이 되는 작품들에 대하여 과거 어떤 논문들이 쓰였는지 분류하여 논문에서 소개할 필요가 있다. 그리하여 자신의 논문이 어떤 공백을 메우고 있는지, 해석상 어떤 문제를 해결하고 있는지 명확하게 밝혀야 논문의 독창성이 입증될 것이다.

선행 연구를 조사하는 방법은 도서관 전자 자료에 분석 대상 작품명을 써넣으면 많은 논문들이 검색된다. 제목 정도는 모두 훑어보고, 최근의 논문을 몇 편 읽어보면 선행 연구가 요약되어 있는 경우가 많으므로 손쉽게 정보를 파악할 수 있다. 일종의 요령이다. 논문들을 몇 편 읽다 보면 비록 오래된 논문이더라도 분석 대상이 되는 텍스트에 대한 권위 있는 논문이 무엇인지 파악할 수 있다. 그럴 경우 몇 편을 골라 읽어보면 텍스트 분석하는 방법부터 논문 쓰는 방법, 인용하는 방법까지 익힐 수 있고, 해당 작품에 대한 깊이 있는 통찰을 얻기도 한다. 좋은 논문을 정성들여 두어 편 읽어 두면 여러모로 큰 도움이 된다.

2) 논문 주제 역사와 맥락 알기

문학 텍스트는 언제든지 자신이 가진 선행 지식을 배경으로 분석하기 마련이다. 그런데 선행 배경 지식은 더욱 전문화되고 구체화될 필요가 있다. 이를테면 어떤 특정 작품의 비극성에 주목했다면 '비극'이 무엇인지, 비극에 대한 기본서들을 읽을 필요가 있다. 비극에 대한 기본서는 주제의 역사와 맥락에 대한 정보를 제공할 것이다. 다른 예로써 고학력 다문화 여성들이 한국에서 생존하는 이야기를 다루는 소설이라면 이민의 전세계적 역사와 이민자들의 인정 투쟁에 대한 책들을 읽어야 분석의 깊이를 더할 수 있게 될 것이다. 만일 글로로라 네일러 소설들에서 여성의 치유 이미저리를 다룬다면 이미저리에 대한 이론, 여성 치유의 역사를 배경 지식으로 알아야 할 것이다. 주제에 대한 역사와 맥락을 확보하면 텍스트를 깊이 볼 수 있는 안목을 확보했다고 볼 수 있다.

만일 헤밍웨이의 소설 『태양은 다시 떠오른다』라는 소설을 새롭게 분석하고자 한다면 "유목적 주체"라는 로지 브라이도티의 이론을 활용할 수도 있다. 이론의 타당성을 증명하기 위해서가 아니라 그 소설에서 뿌리 뽑힌 채 유랑하는, 늘 부정적으로 해석되었던 소위 "잃어버린" 젊은이들에 대한 새롭고도 긍정적인 해석을 끌어낼 수 있을 지도 모른다.

3) 석사 논문과 박사 논문의 차이점

석사 논문과 박사 논문 모두 독창성을 요구하는 본격적인 연구 논문이라는 점에서 둘은 동일하다. 다만 규모 면에서 차이가 있다. 박사 논문은 석사 논문보다 질문의 범위가 훨씬 넓다. 가령 석사 논문이 작품 한 두 개에 한정된 텍스트의 의미에 대한 분석 논문이라면, 박사 논문은 훨씬 규모가 큰 질문을 던진다. 한 두 작품이 아니라, 작가의 작품 전체에 대한 질문으로 확장시킬 수 있고 혹은 한 가지 주제를 선택하고 주제와 관련해서 적어도 세 작가의 작품들을 다룰 수도 있다.

4) 저널 논문의 예

다음 논문은 2020년 12월 충남대학교 인문과학 연구소에 발표된 졸고다. 맨부커 수상 이후 대중의 관심을 한 몸에 받았던 한강의 『채식주의자』의 의미를 평자들이 충분히 밝혀내지 못했다는 아쉬움을 갖고 쓴 글이다. 나는 이 작품이 폭력에 대한 방어적 소설이 아니라 사랑에 대한 파격적 소설이라고 해석했다. 이 샘플을 통해 텍스트를 분석하는 방식, 분석틀을 활용하는 방식, 논문 쓰는 방식을 익힐 수 있기를 희망한다.

한강의 『채식주의자』에서 피, 섹스, 나무불꽃, 이미저리 다시 읽기

목차

국문초록

한강의 『채식주의자』는 폭증하는 대중적·비평적 관심에도 불구하고 일반 독자들에겐 불편하고 난해한 소설로 인식되었다. 이 작품은 육식의 폭력성, 가부장제, 자본주의, 산업사회의 폭력성에 대한 비판으로 주로 해석되는데, 이들은 개별 단편의 주제로서는 타당할 수 있지만 『채식주의자』 전체 장편을 구성하는 세 개의 단편들을 하나로 관통하는 주제로는 부족하다. 본 논문은 『채식주의자』의 핵심적인 상징들, 피, 섹스, 나무불꽃에 대한 새로운 해석을 시도한다. 본고는 공통적으로 등장하는 꽃-피의 "꽃", "꽃"과의 섹스, 불"꽃" 나무-을 원시적 생명력의 절정, 생명 신비의 상징으로 해석한다. '피'는 흔히 육식에 대한 죄의식이나 유혈적 폭력으로 해석되는 경향이 있으나, 피의 고대적 의미는 생명력의 상징으로써 또한 작품에서 꽃의 이미지와 뒤섞이는 섹스 역시 원시적 생명의 절정을 상징하 고, 나무불꽃 역시, 일상적/상징계적 현실의 표면과 경계를 훌쩍 넘어선, 충만한 생명력의 실현을 암시하는 것으로 해석한다. 그럼으로써, 작품 한강 자신의 말, "폭력과 아름다운 뒤섞인 세상"을 다룬다는 다소 난해한 자평의 의미, 즉, 잡식의 현실규범을 위반하는 채식주의자, 근친상간의 금지규범을 위반하는 두 남녀, 죽음에 이르기까지 생명을 긍정하는 나무불꽃-되기의 폭력들이 원시적 생명들의 실현으로서 어떻게 아름다울 수 있을지, 그 의미를 궁구한다.

주제어: 한강, 『채식주의자』, 바바라 모어, 고대적 피와 섹스, 원초적 생명력

I. 들어가는 말

한강의 『채식주의자』는 매혹적인 소설이다. 시차를 두고 제각각 2004년, 2005년 발표되었던 세 개의 단편들로 구성된 이 소설은 군더더기 없이 명확한 주제로 일관하는, 절묘하게 잘 짜인 수작이다. 그러나 대중적인 반응은 그다지 호의적이지 않다. 2016년 『채식주의자』가 맨부커 인터내셔널 상을 수상한 이후 일반 독자들의 관심은 폭등했지만, 작품의 내용은 제대로 이해되지 못한 채, 내용이 충격적이다, 역겹다, 왜 상을 탔는지 잘 모르겠다는 반응이 꽤 많다. 형부와 처제가 나누는 노골적인 정사장면, 공공장소에서 젖가슴을 훤히 드러내고 집안에서는 아예 알몸으로 사는 주인공 영혜, 정신병원에 입원중인 영혜가 하늘을 향해 가랑이를 활짝 벌린 채 물구나무를 서있는 모습, 먹기를 거부하고 스스로 죽기를 선택하는 것 등등, 모두 섬뜩하고 불편하고 불쾌할 수 있다. 근친상간의 성적 금기뿐만 아니라 특별히 여성에 대한 성도덕이 엄격하고 견고한 우리 사회의 일반 독자들에게 열거한 소설장면 몇몇은 특별히 역겹고 불편하게 느껴질 수 있다.

게다가 세 단편이 하나로 엮어져 장편으로 출판된 『채식주의자』는 각각의 이야기로부터 공통되는 주제를 파악하기가 그리 쉽지 않다. 제목 '채식주의자'는 이 소설의 주제를 '육식의 폭력성'에 대한 비판으로 쉽게 단정하게 만들었고, 한강의 다른 단편 "내 여자의 열매"에서도 추구했던 '식물-되기'와 연관하여 『채식주의자』는 육식을 거부할 뿐만 아니라 스스로 식물

이 됨으로써 살해를 거부하는 '평화주의자-되기'로 주로 해석되었다. 그러나 "육식의 폭력성"(임옥희, 356)이든, "남성주의적 문화와 자본주의문화"의 폭력성(이귀우, 127)이든, 아니면 '가족의 윤리적 폭력'(정미숙, 9)이든, '폭력성'에 초점을 맞추면 두 번째 "몽고반점"의 주요 장면인 형부와 영혜의 정사는 해석의 일관성을 위해, 정신이 성치 않은 영혜에 대한 형부의 일방적 폭력으로 해석되고 만다. 그래서 "몽고반점"이 지니는 독특한 상징성은 훼손되고 만다. 뿐 만 아니라 세 번째 "나무불꽃"의 인혜 조차 영혜를 정신병원에 감금하여 "관찰하고 감시하"(정미숙, 30)는 비정한 언니, "현실도피적인 언니"(이귀우, 128) 등, 가족 이데올로기의 폭력 선상에서 해석되고 만다. '폭력'에 대한 비판이 분명 작품의 기조를 구성하긴 하지만, 영혜의 갈망이 어디를 향하는지 모른다면, 작품이 의도하는 폭력의 진짜 본질은 드러나지 않는다. 그녀가 욕망하는 것이 무엇인가를 알지 못하면, 욕망을 억압하는 폭력에 대해서도 오해할 가능성이 다분하다.

그런가 하면, 세 개의 단편이 하나의 장편으로 묶이기 이전, 이상문학상을 수상했던 「몽고반점」만 따로 단편으로서 연구하는 방정민의 논문은 영혜의 욕망을 잘 짚어내고 있다. 방정민은 영혜와 형부의 에로티시즘을 "상상계의 환상적 욕망"(82)로 해석한다. 「몽고반점」이 이상문학상을 수상할 때, 당시 심사위원인 김성곤도 이 단편을 "원초적 순수성을 추구한 예술가 소설"(방정민, 재인용)이라고 평했고, 소설가 김채원도 "진부한 현실 속에서 잃어버린 원시의 생명감을 찾는 구원의 몸짓으로 감동을 자아내는 역작"(방정민, 재인용)이라고 평했다. 필자 역시 전적으로 이들의 해석에 동의한다.

그런데 「몽고반점」에 대한 이러한 해석을 다른 단편들에도 일관성 있게 적용하는 데는 어려움이 있는 듯, 다른 단편들이 방정민이 파악한 동일한 주제로 해석되는 경우는 전무하다. 「몽고반점」은 『채식주의자』 전체 작품의 핵심이고, 다른 단편들 즉, 「채식주의자」와 「나무불꽃」도 「몽고반점」과 같은 맥락에서 "원시적 생명력"의 관점으로 재해석해야 한다는 것이 내 생각이다. 심지어 방정민도 자신의 논문에서 「몽고반점」 만을 다룰 뿐 다른 작품들에 대해서는 이후에도 글을 쓴 적이 없다. 어쩌면 에로틱한 「몽고반점」의 해석을 다른 단편들에게 확장시키기가 곤란하다고 여겼을지도 모른다. 그만큼 에로티시즘, 즉 원시적 생명력을 전체의 주제로 파악하는 것이 의외로 어려운 듯하다. 앞서 말한 대로 그 원인은 연구자들이 지나치게 '폭력'에만 초점을 맞추고 있고, 그러다보니 「채식주의자」에서 여러 번 서술되는 영혜의 꿈을 잘못 해석하고 있는 탓이 크다고 본다. 특히 작품 전체에서 빈번한 "피" 이미저리를 단순히 유혈적 폭력과 연결시키는 것이 해석오류의 원인이 되고 있다. "피"에 대한 재해석이야말로 세 작품을 연결할 수 있는 단서가 된다.

작품 후기에서 한강은 "따로 있을 때는 저마다의 이야기를 하고 있는 것처럼 보이지만, 합해지면 그중 어느 것도 아닌 다른 이야기--정말 하고 싶었던 이야기--가 담기는 장편소설이다. 이제 제자리에 차례를 맞추어 놓을 수 있게 되었다. 길었던 매듭이 지어지는 느낌이다"(245-46, 굵은 글씨 필자 강조)라고 말한 바 있다. "그 중 어느 것도 아닌 다른 이야기" "정말 하고 싶었던 이야기"는 과연 무엇인지, 이 논문이 궁구하는 바이다.

본 논문은 세 단편으로 구성된 장편 『채식주의자』를 "원시성" "시원" 고요하고 은밀한 중심인, 상상계로의 회귀를 향한 위반적/폭력적 욕망, 그 욕망의 실현을 방해하는 상징계적 폭력들, 그리고 상징계에 머무르면서도 상상계의 환희를 감지하려는 인혜의 끈질긴 시도에 대한 이야기로 해석하고자 한다. 그러나 라캉이론을 해석틀로 사용하는 방정민과 다르게, 본 논문은 고대인의 상징을 해석하는 인류학적 문헌에 기대어 해석의 실마리를 찾으려한다. 그리하여 작품 전체에서 반복되는 "피"(꽃처럼 피어나는 피)를 재해석하고, 「몽고반점」의 섹스(꽃과 나누는 섹스)의 의미, 「나무불꽃」의 나무불꽃-되기와 연결하여 해석함으로써, 길어진 실을 "제자리"에 "매듭지"며 한강이 "정말 하고 싶었던 이야기"가 무엇이었을지 추측해보려 한다.

II. 꽃처럼 피어나는 피

주인공 영혜는 "무채색의 옷차림, 단순한 디자인의 검은 구두"(9), "신선함이나 재치, 세련된 면을 찾아볼 수 없는 무난"(10)한 사람이다. 또한 열여덟 살 때까지 아버지에게 종아리를 맞고 자랐지만 "워낙 소리 한번 안내고 자란 딸"(54)이다. 그녀는 무채색처럼 덤덤한 사람인 것이다. 생기발랄한 총천연색 빛깔의 재치, 세련됨을 찾아볼 수 없다. 아버지의 폭력에 대한 원색적인 분노, 누구에게나 있을법한 다채로운 빛깔의 욕망도 잔뜩 억눌려있다.

그러던 그녀가 갑자기 브래지어를 거부한다. 이유는 "답답해서"(12)다. 그녀의 무채색 삶이 드디어 답답해진 것이다. 그녀의 반항이 시작되는 것 이다. 그녀의 꿈은 이런 맥락에서 해석되어져야 한다. 사실 그녀가 꿈을 꾸기 시작한 계기가 있다. 그것은 남편이 서두르는 바람에 손가락에서 피가 난 것이다. 피! 영혜의 독백을 보자.

> *제기랄. 그렇게 꾸물대고 있을 거야?*
> *알지. 당신이 서두를 때면 나는 정신을 못 차리지. 다른 사람이 된 것처럼 허둥대고, 그래서 오히려 일들이 뒤엉키지. 빨리. 더 빨리. 칼을 쥔 손이 바빠서 목덜미가 뜨거워졌어. 갑자기 도마가 앞으로 밀렸지. 손가락을 벤 것, 식칼의 이가 나간 건 그 찰나야.*
> *검지 손가락을 들어 올리자. 붉은 핏방울 하나가 빠르게 피어나고 있었어. 둥글게, 더 둥글게. 손가락을 입속에 넣자 마음이 편안해졌어. 선홍빛과 함께, 이상하게도 그 들큼한 맛이 나를 진정시키는 것 같았어.*
> (26, 굵은 글씨 필자 강조)

대부분의 독자들과 연구자들은 이 부분에서 남편의 비정함과 폭력성만을 읽는다. 물론, 영혜의 감춰진 욕망에 대해서는 관심도 없고 알려고 하지도 않는 남편의 조잡한 인격이 지닌 폭력성을 지적하는 것은 정당하다. 그러나 이 글에는 그것만 있는 것이 아니다. 영혜는 남편의 폭력으로 인해 손가락에서 솟아나는 피를 황홀하게 바라본다. 그녀는 핏방울이 꽃처럼 "피어난다"고 보는 것이다. 피가 단순히 유혈적 폭력성을 상징한다면 "피어난다"는 서술을 쓰지 않았을 것이다. 피는 분명히 '꽃'으로 비유되고 있다. 생명으로 가득한 "선홍빛"이 무채색 그녀의 삶 속으로 문득 침투하는 장면이다. 꽃은 원시적 생명의 절정으로서 「몽고반점」의 주요 상징이다. 그러므로 여기서 '피'는 폭력의 상징이 아니라 '원시적 생명력'의 상징이 된다. 게다가 영혜는 피를 닦아내는 것이 아니라 피를 입으로 빤다. 그리고 참 이상하게 그 "들큼한" 피 맛이 그녀를 진정시키는 것이다. 피가 잔인한 유혈적 폭력이라면 피 맛이 그녀를 진정시킬 리가 없다. 피가 그녀를 진정시키는 이유는 피가 그녀의 욕망을 충족시켜주었기 때문일 것이다. 그러므로 피는 그녀가 욕망했던 것, 그러나 억눌려왔던 원시적 생명력, 피와 같은 붉은 빛으로 상징되는 욕망을 의미한다.

손가락에서 "피어난" "들큼한" 피가 영혜를 진정시켰던 날 밤, 그녀를 채식주의자로 만든 문제의 꿈을 꾸기 시작한다. 지면 부족 상 띄엄띄엄 인용한다.

> *어두운 숲이었어. 아무도 없었어. ... 혼자 길을 잃었나봐. 무서웠어. 추웠어. 얼어붙은 계곡을 하나 건너서, 헛간 같은 밝은 건물을 발견했어.... [그 안에] 수백개의, 커다랗고 시뻘건 고깃덩어리들이 기다란 대막대들에 매달려 있는 걸. 어떤 덩어리에선 아직 마르지 않은 붉은 피가 떨어져 내리고 있었어. ... 입고 있던 [무채색의] 흰옷이 온통 피에 젖었어. ...*
> *아무도 날 보지 못한 사이 나무 뒤에 웅크려 숨었어. 내 손에 피가 묻어 있었어. 내 입에 피가 묻어 있었어. 그 헛간에서, 나는 떨어진 고깃덩어리를 주워먹었거든. 내 잇몸과 입천장에 물컹한 날고기를 문질러 붉은 피를 발랐거든. 헛간 바닥, 피웅덩이에 비친 내 눈이 번쩍였어.*
>
> *그렇게 생생할 수 없어. 이빨에 씹히던 날고기의 감촉이. 내 얼굴이. 눈빛이. 처음 보는 얼굴 같은데, 분명 내 얼굴이었어. 아니야. 거꾸로 수없이 봤던 얼굴 같은데, 내 얼굴이 아니었어. 설명할 수 없어. 익숙하면서도 낯선.... 그 생생하고 이상한, 끔찍하게 이상한 느낌을.* (18-19, 굵은 글씨 필자 강조)

대부분의 평자는 이 꿈을 과거 영혜가 생명을 살해하는 육식에 동참했던 죄의식이 꿈으로 표상된 것이라고 해석한다. 정미숙은 "꿈은 끔찍한 살육의 현실을 냉정하게 반영한 불편한 진실"(12)이라고 하면서, 꿈속에서 영혜는 "자기혐오를 통해 자기부정으로 치닫는다"(12)고 해석한다. 영혜는 스스로 생명을 살해했기 때문에 그 불편한 진실을 인정하면서, 육식하던 자신을 혐오하고 부정하게 된다는 것이다. 그런가 하면 소설을 에코 페미니즘적 관점에서 해석하는 주은경 역시, 영혜는 오랜 육식에 대한 죄의식 때문에 "자신의 본질적 실체를 찾기 위해 채식을 선택한다"(102)고 말한다. 그런데 육식으로 인한 살해의 죄의식 때문에 채식을 한다는 자체가 말이 안된다. 동물의 살해는 살해이고, 식물의 살해는 살해가 아닌가. 모든 생명은 부득이 다른 생명의 살해를 통해 생명을 유지할 수밖에 없는 존재다. 동물을 죽인 것에 대해 굳이 죄의식을 갖는다면, 식물을 죽인 것에 대해서도 죄의식을 가져야 한다. 왜냐하면 동물만 생명을 지니는 것이 아니라, 식물도 생명을 지니기 때문이다. 식물에게 거짓말탐지기를 댈 때, 누군가 자신을 죽이려는 마음만 품어도 식물의 전자기파가 요동치는 것을 실험으로 오래전에 증명했다. 종교학자 카렌 암스트롱(Karen Armstrong)는 "애초부터 종교적 삶이란 살기 위해 다른 생명을 파괴할 수밖에 없다는 비극적 사실을 받아들이는 일에 뿌리를 두었던 것으로 보인다"(40)고 말한다. 우주만물을 생명으로 고동치는 '온생명'으로 인식했던 고대인들은 정기적인 의례를 통해 자신들이 살기 위해 살해할 수밖에 없는 생명들에 대한 미안함을 표현했고 그것이 종교의 시작이라는 것이다. 구석기 신석기 시대의 희생제의는 바로 그런 의미였다.

실제로 처음엔 영혜도 자신의 꿈이 육식 때문이라고 결론짓고 채식을 시작했었다. 그러나 그것이 오류로 판명된다. 평자들은 해석오류를 스스로 바로잡지 않지만, 영혜 자신은 자신의 오류를 스스로 인정한다. 형부와 격렬한 정사 이후, 영혜는 이렇게 말한다.

> 이제 꿈을 꾸지 않게 될까?... 늘 달라요. 어떨 땐 아주 낯익은 얼굴이

> 고, 어떨 때는 처음 보는 낯선 얼굴이에요. 피투성이일 때고 있고.... 썩어서 문드러진 시체 같기도 해요. **고기 때문이라고 생각했어요. 고기만 안먹으면 그 얼굴들이 나타나지 않을 줄 알았어요. 그런데 아니었어요.** 그러니까... 이제 알겠어요. 그게 내 **뱃속 얼굴**이라는 걸. 뱃속에서부터 올라온 얼굴이라는 걸. (143, 굵은 글씨 필자 강조)

즉, 그녀가 채식을 하게 된 것은 처음엔 고기 때문인 줄 알았는데, 나중에 보니 자신의 "뱃속 얼굴"이라는 것이다. 그렇다고 영혜의 채식이 저항이 아닌 것은 아니다. 그러나 그녀의 채식은 육식의 폭력성에 대한 저항이 아니라, 잡식을 규범으로 하는 현실에 대한 저항으로서 의미를 지닌다. 즉, 영혜의 채식은 현실규범을 '위반'함으로써 스스로도 아직은 선명히 알 수 없는 욕망을 실현하고자 한다. 결국 그녀는 꿈을 꾸는 이유를 알게 된다. 그녀가 두려워한 것은 고기가 아니라, 낯익으면서, 낯설기고 하고, 피투성이기고 하고, 시체 같기도 한 얼굴, "거꾸로"된 얼굴이었던 것이다. 영혜를 두렵게 했던 것, 그 "뱃속 얼굴"이란 과연 무엇일까. 손과 얼굴에 피를 묻히면서 피가 뚝뚝 떨어지는 날고기를 씹어 먹은 얼굴, 그 뱃속 얼굴이란 과연 무엇을 의미할까.

많은 평자들은 '뱃속 얼굴'이란 육식을 욕망하는 얼굴, 즉, 먹어서는 안되는 것을 먹은 얼굴이라고 해석했다. 그러나 그렇지 않다. 분명히 피가 뚝뚝 흐르는 날고기와 뱃속얼굴은 살생의 죄의식이 아니라, 보다 적극적인 원색적이고 원초적인 욕망을 의미한다. 낮에 손을 베면서 맛보았던 들큼한 피맛, 그녀를 안정시켰던 그 피맛이 꿈속에서 그대로 재연된 것이다. "생생한" 날고기의 감촉, "생생하고 이상한, 끔찍하게 이상한 느낌"은 바로 생시에 맛보았던, 그녀를 진정시켰던 원색적 생명으로서의 피맛이었던 것이다. 머리에 있는 얼굴이 아니라, 뱃속에 있는 얼굴이라는 말은, 세련된 문명의 머릿속 얼굴이 아니라, 생경한 욕구 그대로 원초적 욕망을 담은 얼굴일 것이다.

피는 원시적 생명력의 메타포다. 폭력의 메타포가 아니다. 한강이 '피'의 고대적 의미를 알고 썼는지, 정확하게 확인할 방법은 없다. 만약 몰랐다면 적어도 무의식적으로 한강은 피의 인류학적 의미를 감지하고 있었던 것 같다. 올드 유럽의 여신문화를 발견한 고고학자 마리야 김부타스는 그녀의 저서 『살아있는 여신들』에서 출산의 성스러움에 대해 말하면서, 터키의 고대 문명의 카탁휘익에는 출산을 위한 장소를 따로 마련하였고, 그 장소는 빨간 색으로 색칠되어 있었다고 말한다. "그들은 방을 붉게 색칠했다. 붉은 색은 피의 색깔이며, 이는 생명의 색깔이다"(11)라고 말한다. 피는 생명의 상징이었던 것이다. 뤼스 이리가라이 역시 "피"의 이미저리를 사용하여 남성의 리비도 경계를 방해하는 여성성의 이미저리로 활용한다(205). 『위대한 우주적 어머니』(The Great Cosmic Mother)를 쓴 인류문화학자인 바바라 모어(Barbara Mor)의 통찰을 좀 길지만 인용한다.

> 고대인들은 태아가 엄마의 피로 만들어지고, 피를 양분으로 먹고 자란다고 믿었다. 그런 연유로 임신을 하게 되면 태아를 위해 피를 사용하느라 월경을 하지 않는 거라고 믿었다. (이는 반쯤은 진실이다. 월경 사이클에 대해서는 근래에 이르러서야 제대로 알려졌다) 월경 피는 피가 가진 힘 때문에 소중하게 여겨졌다. 아프리카와 오스트레일리아 토착민들은 자신의 몸을 빨갛게 칠하고 성스러운 돌에 피를 바름으로써, '달 어머니'(Moon Mother)가 지닌 **월경 피의 힘**을 기렸다. 인도의 위대하고 무시무시한 여신 어머니 칼리도 매달 월경할 때마다 피가 묻은 옷으로 자신을 감쌌다. 이 옷은 지닌 **강력한 치유의 힘**으로 인하여 소중히 여겨졌다. 칼리를 숭배하는 신자들은 스스로 자해하여 칼리여신상에 자신의 **피**를 칠했다. 이러한 의식은 인도에서 아직도 거행되고 있다.
>
> **월경 피**가 지닌 힘을 확장 적용하여, **지구의 몸, 어머니**도 피 희생제를 통해서 힘을 얻고 재생할 필요가 있다고 고대인들은 믿었다. 지구 어머니의 피가 만물을 창조하였듯이, 만물의 피는 다시금 어머니에게 돌아가 순환된다고 믿었다. 땅에서 거두는 수확은 인간이 지구 어머니로부터 취한 것이기 때문에, 인간희생과 동물희생을 통해 어머니께 다시 되돌려줘야 한다고 믿었다. 그러므로 신석기의 장례의례는 인간의

> 죽음과 연결될 뿐만 아니라, 지구상 모든 초목의 죽음까지도 함께 확인하는 의례였다. '피 희생제의'와 '섹스제의'는 죽은 자를 애도할 뿐만 아니라, 땅을 갈고 수확하는 일과 연결되어 있었는데, 이들은 위대한 어머니를 재생시키고, 피, 섹스, 영을 함께 연결함으로써, 씨앗을 재생하고, 죽은 자를 재생시키려는 의도였다. (176)

고대의 믿음이 현대에 그대로 적용되거나 실천될 필요는 없다. 그러나 고대의 믿음이 우리의 무의식 속에 늘 흔적으로 남아있다는 사실을 아는 것은 중요하다. 최근 후성유전학(epigenetics)은 인간의 경험도 유전된다고 증명한다. 한국 뇌연구원의 구자욱은 "기억 및 학습에 관한 능력이 당대에 개발될 뿐만 아니라 자식에게까지 대물림될 가능성을 제시하고 있다"(2). 즉 "DNA 등 유전자의 변화 없이 획득한 능력이나 형질이 자식에게 전달된다는 것이다"(2). 다시 말해서, 고대인들의 '피'에 대한 경험은 무의식적 멘탈 이미저리로서 평소 의식이 변형되는 꿈이나 트랜스 상태에서 곧잘 출현한다는 사실이다. 영혜의 꿈에 등장하는 '피'는 유혈적 폭력을 의미하는 것이 아니라 고대인들이 추앙했던 소중한 생명력을 의미하는 것이다. 현재 우리의 눈에는 폭력으로 비춰질 수도 있지만, 고대인들의 의식 속에서는 폭력이 아니라 '성스러움'이다.

한강의 소설 속 원시적 피는 현대인의 눈으로는 폭력적으로 보일 수도 있지만, 고대의 흔적으로서 성스러움의 메타포로 재파악할 필요가 있다. 고대에 월경과 출산은 놀랍도록 마법적인 사건이었다. 브르노 베텔하임(Bruno Bettelheim)이 그의 저서 『상징적 상처』(Symbolic Wounds)에서 쓰듯이 남성의 모든 통과의례는 여성의 월경과 출산을 모방하고 이에 참여하려는 욕망에 기초하고 있다고 말한다. 베텔하임에 의하면, 오스트레일리아의 토착민 남성들은 그들의 성기에 상처를 내고, 상처가 영원히 열려있도록 상처에 돌을 집어넣었다고 한다. 이러한 의식은 여성의 피 흘리기를 모방한 것이고, 그 상처는 놀랍게도 그들의 언어로 "버자이너"라고 불렀다고 한다. 모든 피 의례는 이렇게 여성의 월경과 출산의 피에서 유래한 것이다. 후에 논의하겠지만 피의례 뿐만 아니라 섹스 제의 역시 고대엔 성스러운 제의였다. 생명 탄생의 원인이 될 뿐 아니라, 지극한 쾌락과 트랜스를 유도하는 섹스가 고대에 성스러운 행위로 추앙되었음은 쉽게 상상 가능할 것이다. 섹스 부분은 다음 섹션에서 보다 자세하게 논의될 것이다.

『채식주의자』에서 "피"가 꽤 자주 등장한다. 고기를 거부하는 영혜의 입을 억지로 벌려 고기를 입속으로 짓이기는 모습은 거의 성적 강간을 연상시킨다. 섹스를 거부하는 영혜를 억지로 강간하는 남편과 별반 다르지 않다. 고기를 거부하는 영혜는 결국 칼을 들고 손목을 벤다. 그때, "아내의 손목에서 분수처럼 **피**가 **솟구친다**"(51). 앞서 말했듯이, 영혜의 채식욕망은 잡식을 규범으로 하는 현실에 대한 무의식적 위반이다. 이를 관철하기 위해서 영혜의 손목에서 솟구치는 선혈의 이미지는 얼핏 폭력적으로 느껴질 수도 있지만, 이는 피처럼 솟구치는, 영혜의 강렬한 욕망, 위반을 통해 성취되는 원초적 생명력을 상징한다. 영혜의 엄마는 딸의 몸을 보할 목적으로 흑염소를 다려 온다. 그러나 영혜가 질색하면서 이를 내다 버리자, 엄마는 딸을 질책한다. 이때 영혜의 "**붉은 피**"가 "역류하여 링거액 주머니 속에 흘러"(60) 든다. 이 역시 무덤덤한 무채색 영혜의 반항적 열정과 원색적인 생명력을 분출하는 장면이다.

그리고 또 모든 평자들에게 해석불능의 장면이 있다. 즉 첫 장의 마지막 장면에서 영혜는 손에 죽은 새를 움켜쥐고 있다. "아내의 손아귀에 목이 눌려있던 새 한 마리," "포식자에게 뜯긴 듯한 거친 이빨자국아래, **붉은 혈흔**이 선명하게 번져 있"(65)는 장면이다. 영혜가 육식에 대한 죄의식 때문에 채식을 하고 있으며, 마침내 누구도 해치지 않고자 나무가 되고자 한다고 해석하면, 새를 움켜쥐고 있는 영혜의 모습은 이러한 해석틀에 도저히 맞지 않는다. "루즈가 함부로 번진 듯 **피에 젖은 입술**을 하고"(64), 살생의 폭력을 거부하는 채식주의자, 나무가 되려고 하는 평화주의자와는 전혀 동떨어진 모습이다. 추측컨대, 영혜가 새를 죽인 후 손에 쥐고 있든지, 아니면 이미 죽은 새를 쥐고 있든지 간에, 그녀는 죽은 새의 피를 핥고 있었음에 분명하다. 그렇지 않고서야 입술이 피에 젖어 있을 리가 없다. 그렇다면 영혜가 새를 물어뜯고, 피를 빨아먹는 평화적 채식주의자라는 해석은 전혀 앞뒤가 맞지 않는다. 여기서도 피에 굶주린 듯한 영혜는 원시성, 시원, 야성성에 굶주려 있는 것이다. 법과 금기가 없었던 아득한 시원, 경계가 없는 곳, 그래서 위반이 없는 원시적 순수성에 대한 갈망이라고 해석할 수밖에 없다. 그래야 "몽고반점"의 주제와 연결된다.

영혜는 세 번째 꿈에서 이렇게 말한다.

> 입안에 침이 고여. 정육점 앞을 지날 때 나는 입을 막아. 혀뿌리부터 올라와 입술을 적시는 침 때문에. 입술 사이로 새어나와 흘리는 침 때문에. (42)

명백하게 영혜를 고기를 원한다. 피를 갈망한다. 다섯 번째 꿈이다.

> 번들거리는 짐승의 눈. 피의 형상. 파헤쳐진 두 개 골. 그리고 맹수의 눈, 내 뱃속에서 올라온 것 같은 눈 (43)

영혜는 꿈속에서는 이미 피를 갈망했었고, 철저히 짐승 같은 야성성을 갈망했었다. 그러면서도 아직 완전히 현실의 상징계를 떠나지 않은 영혜는 자신의 야성적 전회를 두려워했었다. 그래서 그녀는 자신의 두려움을 이렇게 표현한다. "나는 내 젖가슴이 좋아, 젖가슴으로는 아무 것도 죽일 수 없으니까. 나는 왜 이렇게 말라가지? 무엇을 찌르려고 이렇게 날카로워지는 거야?"(43) 그러나 결국 영혜는 꿈속의 야생 맹수처럼 동박새를 찢고 피를 핥는다. 꿈속에서 "뭔가의 뒤편에 들어와 있는 느낌"(37)이 이제 현실화되는 것이다. 나중에 인혜가 말하듯이, 영혜는 "경계를 넘어 훌쩍 나가버린 것"이다. "어느 찰나 일상으로 이어지는 가느다란 끈을 놓아버린"(203)이다. 일상적 가치 외엔 어떤 것도 믿을 수 없는 영혜의 부모나, 상투적이고 속된 남편 같은 사람들은 전혀 이해할 수 없는 현실의 '이면'속으로 영혜는 뛰쳐나가버린 것이다. 형부는 그 이면을 함께 갈망했던 사람이고, 나중에 인혜는 서서히 이면의 의미를 천천히 깨닫게 된다.

"피"는 가부장제하에서는 폭력의 상징이다. 가부장제 이후 인류의 역사는 위계적 권력과 정복과 전쟁으로 얼룩진 역사였다. 그래서 정복과 전쟁의 역사에서 "피"는 유혈적 전쟁 폭력의 상징일 수밖에 없다. 그러나 가부장제 이전 태고적 "피"는 언제나 여성의 생식력과 풍요를 의미했다. 우리의 꿈, 무의식은 고태의 잔재를 보존한다. 프로이트의 문학관에 따르면, 문학은 잠재된 무의식적 욕망의 실현(wish-fulfillment)라고 했다. 한강의 소설은 어쩌면 본인조차 의식적으로 알지 못했을지도 모르는 "피"의 태고적 의미, 원시적 생명력의 충만한 실현을 이 소설에서 극화하고 있는 것이다. "피"의 원적 생명력과의 연관성에 대해서는 시인 문정희도 지적한 바 있다. 그는 『여자의 몸』에서 부엌이 억압된 공간일 뿐만이 아니라, "무섭과 거칠고 살벌한 공간"(116)이라고 말하면서, "기본적으로 야생, 날것을 다루는데나 여자는 한 달에 한 번 생리를 통해 피를 보니 원시적 생명성이 강하다"(116)고 지적한다.

"젖가슴"에 대해서도 잠시 언급할 필요가 있다. 브래지어를 거부하고, 젖꼭지가 훤히 드러나는 옷을 입은 영혜는, 현실의 표면으로부터 깊이의 차원으로 침투할 수 없는 상투적 인간인 남편에게는 수치스럽고 혐오스러운 존재다. 그러나 영혜는 정신병원에서 분수대 옆에 앉아 환자복 상의를 벗은 채 "앙상한 쇄골과 여윈 젖가슴, 연갈색 유두를 고스란히 드러"(63)냄으로써, 젖가슴은 꽉꽉 싸매두고 사람들의 눈에 보이지 않아야 정숙하다는 관념이 굳혀진, 바로 이 문명의 경계를 너머 먼 태고적 시간으로 넘어가버린 것이다.

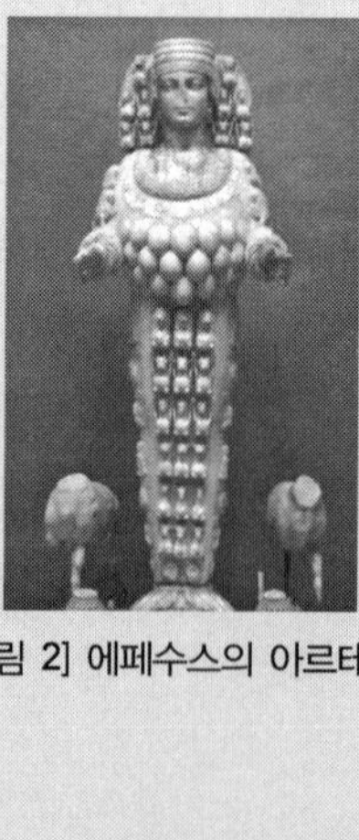

[그림 1] 크레타의 여신상 [그림 2] 에페수스의 아르테미스

위의 사진에서 보는 바와 같이 왼쪽은 기원전 3650년에서 기원전 1179에 지중해에 존재했던 미노아문명, 혹은 크레타문명에서 출토된 여신상이다. 크레타는 모계적 가족제도가 기본 패턴을 이루고 있는데, 어디에서도 남자 신상은 발견되지 않는다. 유명한 크레타 여신상은 젖가슴을 훤히 드러내고 있다. 바바라 모어에 따르면 "젖가슴을 드러내는 행위는 위대한 어머니의 풍요로운 생명줄을 상징하는 성스러운 몸짓이었다"(213). 젖가슴은 감춰야 할 부끄러운 신체부위가 아니라 자랑스럽게 내보일 여성적 힘이었던 것이다. 다만 섹스에 대한 강박관념을 지닌 가부장제에서 여성의 젖가슴이 성적 흥분을 불러일으킬 것을 두려워한 남성들이 노출을 금지시켰을 것이다.

그렇다면, 피, 젖가슴, 모두, 태고 적부터 지녀온 여성의 생명력을 상징한다. 월경하는 여성은 더럽고, 젖가슴을 드러내는 여성은 음란하다는 관념은 절대적이거나 영원한 것이 아니다. 인류역사의 어느 지점부터 시작된 상대적이고 자의적인 관념일 뿐이다. 우리가 과거로 되돌아갈 수는 없다. 그러나 과거를 제대로 아는 것은 중요하다. 그래야 현재 절대적이라고 여겼던 것들이 단순히 역사적 산물임을 알게 되고, 현재 너무나 고정적인 관념의 인위성과 자의성을 앎으로써 보다 넓은 의식으로 열어나갈 수 있기 때문이다.

III. 꽃과 나누는 섹스

꽃처럼 피어나는 피로 상징된, 영혜의 원시적 생명력에 대한 욕망은 결국 형부와의 근친적 성교로 실현된다. 피가 생명력의 메타포이듯, 근친 성교 역시 일종의 메타포다. 근친성교는 인류에게 주어진 최초의 금기 중 하나다. 그러므로 형부와의 근친성교는 최초로 인간이 만든 금기의 경계를 넘어, 법이 없는 최초 시원, 원시적 생명력으로 충만했던 상태에 대한 갈망을 상징한다. 형부가 처제의 엉덩이에 남아있는 몽고반점을 "태고의 것, 진화 전의 것, 혹은 광합성의 흔적"(101)처럼 느끼는 이유가 바로 이것이다. 진화의 선상에서 본다면, 생명의 시원은 바다에서 출발하고, 박테리아를 거쳐 식물로, 그리고 동물로 진화했다. "광합성의 흔적"처럼 보이는 몽고반점은 동물 이

전의 식물의 원시적 생명성을 상징한다고 볼 수 있다.

형부는 별명이 "오월의 신부"였고, "의식 있는 신부" "강직한 성직자"(135)였다. 그는 오랫동안 자본주의와 상업주의적 사회를 비판하는 작업을 해왔지만, 그는 좀더 "본질적이고 어떤 영원한 것"(115), "더 고요한 것, 더 은밀한 것, 더 매혹적이며 깊은 것"(70)을 원한다. 상투적인 현실에서 불안한 부적응자인 그는 인혜의 "선량함, 안정감, 침착함, 살아간다는 게 조금도 부자연스럽지 않은 태도"(161) 때문에 그녀와 결혼했지만, 상호간의 깊이 있는 이해를 결여한 부부다. 그는 아들이 2살이었을 때 "알 수 없는 **생명의 빛**이 번쩍이는 눈"(162)으로 아들이 한발 한발 디딜 때마다, 발자국에서 '꽃'이 피어나도록, 혹은 나비떼가 날아오르는 애니메이션을 넣겠다고 말했다.

형부는 현실의 야트막한 표면이 아니라, 현실 이면의 깊고 은밀하고 매혹적인 중심, 시원을 욕망하게 된다. 생명력으로 충만했던 시원, 그 시원을 구현하는 것, 그것이 그의 예술의 목표가 된 것이다. 그때 벌거벗은 남녀의 나신과 그 위에 부드럽고 둥근 꽃잎이 그려진, 서로 교합하는 이미지가 "그의 뱃속에서부터 꿈틀거리며 올라오기"(73) 시작한다. 여기서도 한강은 "뱃속" 이미지라는 단어를 사용한다. 영혜의 "뱃속 얼굴"과 상응하는 표현이다.

형부는 영혜의 "태고적 흔적"과도 같은 몽고반점과 "가지를 치지 않은 야생의 나무"(78)같은 영혜의, 길들여지지 않은 원시적 야성적 생명력에 매혹된다. 게다가 영혜는 이미 "일상으로 이어지는 가느다란 끈을 놓아버린 듯", 집안에서 벌거벗은 채 있다가 형부가 들어와도 전혀 부끄러워하지 않고, 언제나 "수도승처럼 담담하다"(93). 이미 현실의 경계를 넘어, 걸림 없고 위없는 어떤 경지로 들어선 듯한 모습이다. 그런 영혜는 성적으로도 거침이 없다. 영혜는 성에 대한 강력한 금기와 도덕을 확립한 현대문화의 경계를 넘어 아득한 시원 속으로 걸어 들어간 듯, 그녀의 섹슈얼리티는 현실적 금기나 윤리를 초월해있다. 그래서 형부는 영혜의 몸을 이렇게 묘사한다.

> 모든 욕망이 배제된 육체, 그것이 젊은 여자의 아름다운 육체라는 모순, 그 모순에서 배어나오는 기이한 덧없음, 단지 덧없음이 아닌, 힘이

> 있는 덧없음, 넓은 창으로 모래알처럼 부서져 내리는 햇빛과, 눈에 보이지 않으나 역시 모래알처럼 부서져 내리고 있는 육체의 아름다움. (104)

모든 욕망이 배제되어 있지만, 어떤 욕망도 문제적이지 않는 몸이다. 섹스를 하든, 피를 먹든, 전혀 걸림이 없는 몸이다. 몸은 언젠가 먼지가 되어버릴 육신이기 때문에 덧없지만, 생명의 에너지가 고도로 응축된 생명은 그 자체로 아름답다.

선홍색 피에 대한 영혜의 욕망과 그녀의 걸림 없는 섹슈얼리티는 모두 원시적 생명력의 분출로 등치 가능한데, 구체적으로 "생생한"이란 형용사의 사용이 이러한 해석의 단서가 된다. 첫 번째 단편, 꿈속에서 피에 대한 욕망을 묘사할 때, 그리고 두 번째 단편에서 영혜의 성적 욕망을 묘사할 때 모두, 한강은 "생생한"이란 형용사를 사용한다. 의도적일 수도 있고, 아닐 수도 있지만, 명백하게 주목할 만하다. 형부가 마련한 파트너와 영혜가 교합 포즈를 잡는 장면이다.

> 느릿느릿, 마지못한 듯 J는 몸을 앞뒤로 움직여 섹스의 흉내를 냈다. 그녀의 발바닥이 한껏 오그라져 있는 것을, 두 손이 J의 등을 간절히 껴안고 있는 것을 그는 보았다. J의 몸이 무덤덤한 것을 충분히 상쇄할 만큼 그녀의 몸은 **생생하게** 살아, 달아올라 있었다. (128-29, 굵은 글씨 필자 강조)

앞서 인용한 영혜의 꿈에서도 "뱃속 얼굴"이 "생생"하다고 언급한 적이 있다. 섹스를 할 때도, 피를 욕망할 때에도 영혜는 "생생"하다. 생생한 활력, 원시적 생명력으로 충만한 이미지다. 영혜는 형부가 자신의 몸에 그려준 꽃처럼, 섹스를 하면서 그녀 자신이 꽃처럼 피어난다. 문제적 장면이 찍힌 비디오를 인혜에게 들키고, 파국에 치닫게 된 형부는 잠시 3층 베란다에서 새처럼 뛰어내는 상상을 하지만 오히려 그는 영혜의 모습에 매혹되어 굳은 듯 제자리에 서있다.

> 삼층 아래로 떨어져 머리를 박살낼 수 있을 것이다. 그렇게 할 수 있을 것이다. 그것만이 깨끗할 것이다. 그러나 그는 그 자리에 못박혀 서서, 삶의 처음이자 마지막 순간인 듯, **활활 타오르는 꽃 같은 그녀의 육체**, 밤 사이 그가 찍은 어떤 장면보다 강렬한 이미지로 번쩍이는 육체만을 응시하고 있었다. (147, 굵은 글씨 필자 강조).

꽃은 생명력의 절정이다. 형부는 영혜를 꽃으로 바라본다. 야성성이 절정에 이른 꽃으로 황홀하게 바라본다. 형부는 원시적 생명력에 강하게 매료되어 남성인 자신도 그 생명력을 소유하고 싶어 한다. "널 삼켜서, 녹여서, 내 혈관 속을 흐르게 하고 싶다"(142)고 영혜에서 말한다. 그러나 근친상간을 금지하는 문화를 깊이 내면화한 그로서는 "자기검열"이 강해서 불가능하다. 그는 경계를 넘는 것에 대한 불안으로 가득하다. 모어에 따르면 원시적 생명력은 본시 여성의 힘이라고 한다. 생명을 여성만이 생산할 수 있기 때문이다. 모어는 "남성들이 이뤄낸 5000년의 가부장 문명은 바로 생명생산의 불가능성에서 비롯되는 열등감을 보상한 것"(33)이라고 말한다. 남성이 생명력을 소유할 수 있는 방법은 생명력을 가진 여성을 소유함으로써만 가능할 것이다. 영혜를 삼켜서 녹여서 그의 피안에 흐르게 하고픈 형부처럼. 가부장제 문명의 주체였던 남성들이 주도권을 잡기 위해서는 여성과 자연과 성의 억압, 억압을 통한 소유가 필수적이었을 것이다.

꽃이 식물 생명의 절정이듯, 섹스는 인간생명의 절정이다. 모어에 따르면, 피가 성스러웠듯이, 섹스도 성스러운 행위였다. 모두가 생명과 관련되었기 때문이다. 고대엔 생명과 관련된 모든 것이 성스러웠다. 피가 곧 생명이고, 섹스는 생명을 생산하는 근원적 행위였기 때문이다. 뿐만 아니라, 인간의 섹스는 생식을 위주로 한 동물의 섹스로부터 한층 진화했다. 애초 단성생식을 하던 생명체가 유성생식을 하게 된 이유는 유전체를 다양하게 만듦으로서 생존의 가능성을 높이기 위해서였다. 그러나 인간의 섹스는 특정한 기간에만 가능한 일반 동물과 달리 언제나 섹스가 가능해지도록 진화했고, 리수충이 지적하듯이, 후배위를 하는 동물과 달리 인간이 정상위를 시작하면서 서로 얼굴을 마주보고 정신적인 교감이 중요해졌다고 한다(42). 즉, 인간에게 섹스는 단순한 생식행위가 아니라, 정서적 교감과 쾌락, 관계성의 증진을 위해서 행해졌다는 것이다. 즉, 인간의 생명력이란 단순히 생명을 유지하는 것만이 아니라, 정서적 교감과 즐거움, 관계성 등이 생명력을 충만하게 하는데 필수적인 요소가 되었다는 것이다. 이제 나홀로가 아니라, 함께 더불어 존재하는 생명력이야말로, 생존의 가능성을 높일 뿐만 아니라, 생명을 더욱 풍성하고 충만하게 만드는 관건이 된 것이다. 섹스는 자위로도 가능한 몸적 쾌락을 너머, 다른 생명체와의 관계를 통한 절정적 쾌락과 충만함의 상징이 된 것이다. 특히 여성의 섹스는 정신적 교감과 충만감이 매우 중요하다.

섹스에 관해 바바라 모어를 다시 인용한다.

> 가부장적 혁명이 도래하기 전, 여자와 남자가 평등하게 협력하고, 함께 생산하고 창조하고 숭배하는 시대가 있었다. [...] 섹스는 인간이 신성과 분리될 때 이를 결합하는 의미를 지니고 있었다. 섹스 의례, 섹스 숭배, 의례적 섹스는, 풍요제와는 별도로, 어디에서나 여신 신비제의 한 부분이었다. 히에로스 가모스(성스러운 결혼), 즉, 여신을 상징하는 여사제와 희생제를 앞둔 그해의 왕(후엔 영원한 왕)가 나누는 섹스는 우리가 알기론 6500 BC 보다 더 오래되지 않았다. [...] 가부장제가 시작되면서 섹스의 의례적 중요성은 끝난다. 가부장제는 세속적 관계, 사유재산에 기반을 두고 있기 때문에 **황홀경적 하나됨의 경험**은 완전히 배제되었다. 물론 가부장제는 여성의 성적 수동성, 연약함, 의존성에 기초를 두고 있다. 그래서 성스러운 결혼은 침대 이불 속에서, 하렘에서, 아니면 성적 노예로 가득한 남성의 천국에서 지배와 굴종의 더러운 일이 되고 있다. 엄마와 아이의 성스러운 관계는, 아이가 엄마와 마찬가지로 아버지의 소유물이 되면서, 방 안에 갇혀지고, 심리학적

> 문제가 되고, 공적 영역에서 사라지게 되었다. 오로지 아버지를 통해서만 엄마와 아이의 관계는 사회적, 경제적, 정치적 권리를 지니게 되는 것이다. 가부장제와 함께 우리는 남자들이 서로 뽐내며 걸어가는 남성 전시의 세계에 살고 있다. 여자와 아이들, 종교적 문화적 예술품과 더불어 축적된 부의 한 아이템으로서만 존재하고 있다. (218, 굵은 글씨 필자 강조)

고대 섹스는 의례적 중요성을 지니고 있었는데, 바로 신성과 하나됨을 회복하는 종교적 의미를 지녔다는 것이다. 즉, 섹스는 그 자체가 생명을 탄생시키는 근원적 행위라는 면에서 성스러울 뿐만 아니라, 인간의 섹스가 유발하는 타자와의 독특한 정서적 교감과 쾌락은 분리된 개체들을 하나로 연결시켜 원초적 생명력을 체험하는 황홀경과 유비적 상동성을 지니기 때문에 성스럽다는 것이다. 그런데 성스러운 섹스는 가부장제 이후 단순히 생식의 수단으로 축소되거나, 정복과 소유의 수단으로 악용되거나, 정서적 교감이 없는 말초적 쾌락으로 타락한다. 한강의 「몽고반점」에서 섹스는 개인이 가진 생명력을 타자의 생명력과 결합함으로써 각자의 생명력을 극대화하여 절정에 이르게 한다. 섹스는 타자와의 결합을 통해 개체의 생명력을 충만하게 흘러넘치게 하는 바타유적 에로티즘이다.

밤과 낮은 존재론적으로 의존한다. 마찬가지로 너와 나의 대립은 동시에 의존이다. 네가 있음으로 내가 있는 것이니, 나와 타자역시, 존재론적으로 의존한다. 그리하여 나와 타자가 하나될 때, 존재론적 생명력이 폭발하고, 원초적 생명력의 시너지가 흘러넘치면서 절정으로 치닫는다. 섹스는 생명력이 온갖 절정에 이르는 차원에 대한 유비(analogy)다.

영혜는 여성의 섹슈얼리티에 가해지는 문화적 금기를 가볍게 뛰어넘는다. 그녀는 아무런 규범이 존재하지 않는 순수한 낭만적 시원으로 회귀한다. 그래서 형부의 눈에 비치는 영혜는 어린아이 이전의 상상계로 퇴행해버리고 만다.

> 그녀의 눈이 어린아이 같다고 생각했다. 어린아이가 아니면 가질 수 없는, 모든 것이 담긴, 그러나 동시에 모든 것이 비워진 눈이었다. 아니, 어쩌면 어린아이도 되기 이전의, 아무것도 눈동자에 담아본 적이 없는 것 같은 시선이었다. (146 굵은 글씨 필자 강조)

영혜는 원시적 생명력의 충만함으로 흘러넘치고, 영혜 자체가 하나의 상징, 온전하게 실현된 원시적 생명력의 기호가 된다. 그러나 상징계를 떠나 상상계로의 회귀한 인간은 퇴행적이며, 정신병원에 수감될 수밖에 없다. 상징계가 비록 언젠가 깨어날 꿈일지라도, 생명체로서 이 3차원의 우주에 사는 동안 상징계는 피할 수 없는 운명이다.

그러나 인혜는 다르다. 인혜는 상징계를 떠나지 않으면서 상상계를 "어둡고 끈질기게"(221) 응시하는 인물이다. 이제 인혜를 볼 차례다.

IV. 불꽃이 되는 나무

세 번째 단편 「나무불꽃」은 아예 나무가 되고자 하는 영혜와, 나무가 되어버리는 영혜의 차원을 응시하는 인혜에 대한 이야기다. 영혜는 먹기를 거부하고 나무가 되고자 한다. 나무들이 형제 같다고, 나무들이 자신을 부른다고 말한다.

> 언니, 내가 물구나무 서 있는데, 내 몸에 잎사귀가 자라고, 내 손에서 뿌리가 돋아서... 땅속으로 파고들었어. 끝없이, 끝없이... 응, 사타구니에서 꽃이 피어나려고 해서 다리를 활짝 벌렸는데, 활짝 벌렸는데... (156)

비교종교학자 M. 엘리아데(M. Eliade)에 따르면 나무는 일종의 "성스러운 기둥"으로서 "사람들의 세계를 떠받들고 하늘과의 교류를 보증"하며, "동시에 신들의 세계로 갈 수 있는 길을 열어주는 우주의 기둥"(65)이다. 그래서 세계의 신화에는 언제나 나무(세계수)가 등장한다. 기독교신화는 선악과가 등장하고, 불교에서는 붓다가 명상했던 보리수나무, 미국원주민의 신화에도 어김없이 세상의 중심으로서 나무들이 등장한다. 또한 인간보다 수명이 긴 나무는 언제나 숭배의 대상이었다. 한국에서도 고목은 신성한 존재로 민간신앙의 대상이었다. 그러므로 영혜의 나무-되기는 단순히 평화주의자가 되려는 욕망 그 이상이다. 영혜의 나무-되기는 존재의 중심으로 돌아가려는 일종의 존재론적 욕구다. 존재의 중심 안에서 온전하게 생명을 피우고자하는 욕망이다.

그런가 하면, 페터 볼레벤(Peter Wohlleben)의 『나무수업』에 따르면 "나무들은 뿌리를 통해 서로 연결되어 있다... 그런 네크워크를 통해 영양분을 나누고 이웃이 위험에 처할 때 도움을 준다"(13)고 말한다. 영혜는 형제처럼 서로 돕는 나무가 되어 땅속으로 깊이 뿌리를 내리고, 뿌리를 통해 서로 공동체를 형성하면서, 위로 꽃을 피우고자 한다. 죽기까지 생명을 불꽃처럼 피우고자 한다. 즉, 영혜의 나무-되기는 자폐적 고립이 아니라, 다른 존재들과 함께 생명을 꽃처럼 피우려는 욕망을 의미한다.

그렇게 상식적 차원을 초월한 영혜는 상식에 '길들여진' 인혜에겐 이해 불가능하다. 영혜와 남편의 정사는 "값싼 추문"(166)에 불과하고, "이 진창의 삶을 그녀에게 남겨두고 혼자서 경계 저편으로 건너간 동생의 정신을, 그 무책임을 용서할 수 없다"(173)며 은밀하게 적의를 품기도 한다.

그러나 그것이 전부는 아니다. "추문"이 있기 몇 달 전 인혜는 하혈을 하고 있었다. 그녀는 이미 자신의 선량한 삶이 껍데기 삶이었음을 깊이 인식하기 시작했었다.

> **피**에 젖은 속옷을 빨 때마다 수개월 전 영혜의 손목에서 허공으로 솟구치던 **선혈**이 떠오르는 까닭을 그녀는 알 수 없었다. ... 그때 그녀가 처음으로 **생생하게** 의식한 것은 그와 함께 살아온 긴 시간이었다. 기쁨과 자연스러움이 제거된 시간, 최선을 다한 인내와 배려만으로 이어진 시간, ... 문득 이 세상을 **살아본 적**이 없다는 느낌이 드는 것에 그녀는 놀랐다. 사실이었다. 그녀는 살아본 적이 없었다.... 다만 견뎌왔을 뿐이었다. (196-97)

인혜가 각성하는 순간에 다시금 "피"의 상징이 반복된다. 죽음은 삶의 인식으로의 출발이다. 인혜의 하혈은 문득 죽음이 가까이 왔을지도 모른다는 두려움과 더불어 자신의 삶을 밑바닥으로부터 다시 성찰하는 순간이다. 자신이 '성실의 관성'으로 단지 견디어왔을 뿐, "살아본 적"이 없다는 말은, 살되 생명력으로 충만한 삶을 살지 못했다는 뜻일 것이다. 남편과의 결혼은 그저 그의 교육자, 의사 집안에 대한 매력이었을 뿐, 남편의 예술에 대한 이해가 전혀 없는 상태에서 정서적 교감은 전혀 없었음을 알 수 있다. 새벽녘 그가 왜 빈 욕조에서 웅크리고 자는지 이유를 알지 못할 만큼 인혜는 상징계의 법에 충실한 상식적 인물일 뿐이었다.

그로부터 얼마 후, 새벽에 들어온 남편이 억지로 잠자리를 요구하던 날, 그날 새벽 인혜는

> 이 모든 것은 무의미하다
> 더 이상은 견딜 수 없다
> 더 앞으로 갈 수 없다.
> 가고 싶지 않다. (200)

고 느낀다. 강한 생활력, 인내심, 상냥하고 싹싹한 여성스러움으로 살아왔던 인혜, 그것을 건강함으로 인식하도록 길들여진 인혜로서는 환상이 벗겨진 생경한 진실 그 자체, 생명의 본질, 즉, 생의 "기이한 덧없음"을 깨닫는 순간이다. 성실의 관성으로 열심히 가게를 일구면서, 생활력 없는 남편 대신 살림을 꾸려왔지만 사실은 자신은 생명력을 상실한 채 "오래전부터 죽어 있었다는 것을"(201)을 깨닫게 된다. 현실을 표면으로부터 깊이로 성찰을 시작하는 순간이다. 그러나 생명이 그렇게 덧없기만 한 것인가. 그녀는 이제 한 발 짝 더 나아가야 한다. 한없이 덧없으면서도 한없이 아름다운 기이한 생명의 힘으로 나아간다.

그날 새벽 뒷산에 이르는 좁은 길에서 그녀가 보았던 숲은 후에 이렇게 기억된다.

> 박명 속에서 일제히 푸른 불길처럼 일어서던 나무들은 또 무슨 말을 하고 있었는지. 그것은 결코 따뜻한 말이 아니었다. 위안을 주며 그녀를 일으키는 말도 아니었다. 오히려 무자비한, 무서울 만큼 서늘한 생명의 말이었다. (205, 굵은 글씨 필자 강조)

세 번째 장의 제목이 응축된 장면이다. "나무불꽃," 나무가 지닌 생명의 힘을 이번엔 "불꽃"이라는 이미지로 형상화하고 있다. 불의 꽃이다. 첫 장에서 피의 꽃, 두 번째 장 섹스의 꽃에 이어, 나무의 불꽃이라는 이미지가 등장한다. 아직은 상징계의 법과 의무에 성실한 영혜에게 생명의 불꽃은 서늘하고 무자비할 수도 있다. 자신의 삶을 "모래산처럼"(166) 무너뜨린 장본인들이기 때문에.

> 그와 영혜가 그렇게 경계를 뚫고 달려 나가지 않았다면, 모든 것을 모래산처럼 허물어뜨리지 않았다면, 무너졌을 사람을 바로 그녀였을지도 모른다는 것을. 다시 무너졌다면 돌아오지 못했으리라는 것을. 그렇다면, 오늘 영혜가 토한 피는 그녀의 가슴에서 터져나왔어야 할 피일까. (220)

인혜는 생명력을 상실한 채 일상적 표피에만 머물렀던 삶의 덧없음을 깨달음으로써 한층 성숙한다. 그러나 표피의 경계 너머, 깊이의 차원으로 가버린 영혜와 달리, 인혜는 그 차원을 의심스럽게, 그러나 끈질기게 응시한다.

> 조용히, 그녀는 숨을 들이마신다. 활활 타오르는 도로변의 나무들을, 무수한 짐승들처럼 몸을 일으켜 일렁이는 초록빛의 불꽃들을 쏘아본다. 대답을 기다리듯, 나, 무엇인가에 항의하듯 그녀의 눈길은 어둡고 끈질기다. (221)

그녀의 발은 여전히 현실에 발을 두고 있다. 그러나 적어도 꿈을 깨고 나면 그때엔 꿈이 전부가 아니었음을 알게 되듯이, "언젠가 우리가 깨어나면 그때는"(221) 모든 진실이 밝혀질 거라는 확신을 갖고는 있다. 이 현실이 꿈일 수도 있다는 가능성을 염두에 두고 있다는 말이다. 다시 말하면, 이 현실만이 전부라고 여기지는 않을 만큼 그녀의 세계가 한층 넓어졌다는 뜻이다.

V. 나오는 말

한강의 『채식주의자』는 단순히 육식의 폭력성에 저항하는 채식주의자의 이야기가 아니다. 오히려 모두 안에 억눌려있는 원시적 생명력의 충만한 복원과 실현에 대한 이야기이다. 원초적 생명력을 실현하는 삶이란 길들여지지 않는 삶, 무채색의 삶이 아니라 선혈처럼 생생한 삶, 금기에 아랑곳하지 않고 온몸을 던져 타자와 합일하는 삶, 땅 속에 깊이 뿌리내리고 "형제 같은" 다른 나무들과 양분을 공유하는 삶이다. 또한 여성을 특정한 고정 관념에 묶어버리는 가부장문명에 길들여지지 않고, 깊이 멀리 응시하는 삶이다. 홀로 자신 안의 원초적 생명력을 100% 실현하면서, 또한 더불어 다른 이들도 원초적 생명력을 100% 실현하도록 공유하고 격려하는 삶이다. 우주전체가 구원받을 때까지 개체는 구원받을 수 없으므로.

그러나, 억눌려 있는 원시적 생명력의 충만한 복원과 실현은 특유의 위반을 수반하기 때문에 폭력적이면서도 동시에 기이하게 아름답다. 한강은 맨부커상 수상직후 인터뷰에서 이렇게 말했다. "『채식주의자』는 '우리가 이토록 폭력과 아름다움이 뒤섞인 세계를 견딜 수 있는가, 껴안을 수 있는가'라는 질문으로 끝나는 소설"(채널예스)이라고 말한다. "폭력과 아름다움이 뒤섞인 세계"를 "견디고" "껴안는다"는 말은 무슨 말일까.

인간사회의 규모가 점점 커짐에 따라 각종 금기와 법의 숫자도 점점 늘어나게 되었을 것이다. 행동을 구분하고 규정하는 선악의 개념들도 탄생하게 되었다. 금기와 법과 선악개념은 질서를 유지하기 위해 필수적인 규제였겠지만, 그런 규제들은 인간이 지닌 원초적 생생한 생명력을 제한하고 길들이게 되었을 것이다. 모든 일엔 얻는 것과 잃는 것이 있을 터, 규제는 인간 사회를 안전하게 만들고 생존의 가능성을 높였겠지만, 인간은 원초적 직관과 예리한 감각을 상실하고, 삶에 내재한 무수한 환희와 황홀을 망각하게 되었을 것이다. 파선하는 배, 곧 다가오는 지진을 예감하고 도망치는 동물적 감각, 계절과 자연의 순환적 감각, 섹스의 즐거움, 이면 깊이에 대한 감각은 급급한 현실 생존의 뒷전에서, 불법의 규제 속에서, 이성의 과잉 속에서 총총히 사라져버렸다. 모어에 따르면 동물들이 다니는 길은 땅 속의 에너지 선을 따라 만들어진다(125)고 한다. 동물은 본능적으로 그 선을 따라 길을 만든다. 동물 같은 감각을 지녔던 고대인들도 속에 흐르는 에너지 선을 감각하고 그 선을 따라 열석을 세웠다. 그러나 우리는 더 이상 그런 감각이 남아있지 않다. 배가 파선해도 모르고, 지진이 일어나도 속절없이 당할 뿐이다.

한강이 주장하듯이 그런 감각과 동일시되는 원초적 생명력을 온전히 되살린다면 어떻게 될까. 영혜처럼 근친상간의 금기를 가볍게 위반하는 폭력을, 스스로 나무가 되기 위해 죽음을 자청하는 폭력을 행사하게 될지도 모른다. 조셉 캠벨은 그의 저서 『신화의 힘』에서 "삶은 금기를 위반함으로써 시작한다"(60)고 말한다. 이브가 금단의 열매를 먹음으로써, 푸른수염의 아내가 금지된 벽장문을 엶으로써 자신의 삶에 입문하게 된다. 위반과 죽음의 폭력은 경계를 넘는 까닭에 저편에서는 지극히 아름다울지 모르나, 경계의 이편에서는 지극히 폭력적일 수밖에 없다. 폭력과 아름다움이 뒤섞인 세계는 과연 견디고 껴안아질 수 있을까. 그것은 바로 인혜의 문제다. 인혜는 경계에 서 있는 인간이다. 대체로 경계의 이편에서 인혜는 영혜를 은밀히 미워하고, 가끔은 경계의 저편에서 인혜는 영혜가 보았을 이 삶의 기이한 덧없음, 푸른 나무불꽃으로부터 "생명"의 소리를 듣는다. 그러면서 경계선상에서 영혜의 차원을 "끈질기게" 응시하는 인혜는 바로 우리들 자신이다. 인혜는 과연 폭력과 아름다움이 뒤섞인 세상을 견디고 껴안을 수 있을까. 그녀가 지극한 폭력 속에서 죽지 않고 "견딘" 것은 확실한데, 그녀는 과연 "껴안을" 수 있을까. 현실이면의 깊이, 그 깊이가 상기시키는 기이한 덧없음, 원초적 생명력이 저지르는 폭력적이고도 아름다운 위반을 과연 껴안을 수 있을까, 이것이 『채식주의자』에서 한강이 던지는 질문이다. 캠벨은 "예술가들이야말로 현대인의 샤먼"(122)이라고 말한다.

인용 문헌

구자욱.「전문가의 세계-뇌의 비밀 9; 경험도 유전된다」. http://biz.khan.o.kr/print.html.

김명주.『여성의 性이 聖스러웠을 때』. 대전: 충남대학교 출판문화원, 2018.

리수충.『역사를 바꾼 성 이야기』. 주은주 옮김. 서울: 시그마북스, 2010.

문정희, 유인경.『女子의 몸』. 서울: 여백, 2015.

방정민.「한강 소설,「몽고반점」연구: 라캉의 욕망이론을 중심으로 에로티시즘의 상관 관계 연구」.『용봉인문논총』 45(2014): 59-89.

볼레벤, 페터.『나무수업』. 장혜경 옮김. 서울: 이마, 2016.

윌콕, 데이비드.『소스필드』. 박병오 옮김. 서울: 라의눈, 2013.

암스트롱, 카렌.『신을 위한 변명』. 정준형 옮김. 서울: 웅진 지식하우스, 2010.

엘리아데, M.『성과 속』. 이은봉 옮김. 서울: 한길사, 1998.

이귀우.「『채식주의자』에 나타난 음식 모티프와 "소극적"저항」,『한강, 채식주의자 깊게 읽기』. 서울: 더스토리, 2016. 127-139.

임옥희.『채식주의자 뱀파이어: 폭력의 시대 타자와 공존하기』. 서울: 여성문화이론연구소, 2010.

정미숙.「욕망, 무너지기 쉬운 절대성」,『한강, 채식주의자 깊게 읽기』. 서울: 더스토리, 2016. 9-33.

주은경.「<채식주의자>, <몽고반점>, <나무불꽃> 그리고 에코페미니즘」.『한강, 채식주의자 깊게 읽기』. 서울: 더스토리, 2016. 95-122.

한　강.「채널예스 인터뷰」. http://ch.yes24.com/Article/View/30861

_______.『채식주의자』. 파주: 창비, 2007.

Bettelheim, Bruno. *Symbolic Wounds: Puberty Rites and the Envious Made*. New York: AMS Press, 1967.

Campbell, Joseph. *The Power of Myth with Bill Moyers.* New York: Anchor Book: 1991.

Gimbutas, Marija Gimbutas. *The Living Goddesses*. Berkeley, Ca: U of California Press, 1999.

Irigaray, Luce. "When Our Lips Speak Together," *This Sex Which is Not One*. Trans. Catherine Porter and Carolyn Burke. Ithaca, NY: Cornell UP.

Mor. Babara and Monica Sjoo. *The Great Cosmic Mother: Rediscovering the Religion of the Earth*. New York: HarperOne, 1987.

Abstract

A Fulfillment of Wild Life through Violation: Rereading Blood, Sex, Tree-Flames in Han Kang's *The Vegetarian*

Despite a tremendous explosion of public and critical interest in Han Kang's *The Vegetarian* since it won the 2016 Man Booker International Prize, the novel has been disturbing and annoying to the general reader, and even critics have failed to grasp its meaning evenly permeated in all three sections of the novel only by focusing on carnivorous or patriarchal or capitalistic violence in one or two sections of the novel. This paper aims to see this novel as heavily symbolic of a fulfillment of wild life to the full by reinterpreting blood as life itself instead of violence or guilt, sex as a climatic fulfillment of life force instead of incestual scandal, and finally tree-flames as full of life unto death. Newly interpreting three symbols, it attempts to answer the question the author says she intended to pose in the novel, that is, what it means to live in the world strewn with violence and beauty at the same time.

Key words: Han Kang, *The Vegetarian*, Barbara Mor, Blood and Sex, Wild Life

5장

포스트-영문학 융복합-포스트 인문학으로의 전망

학문은 나-공동체-세계가 직면하는 문제를 질문하고 해결을 모색한다. 학문(學問)이란 글자 그대로 배우고 익히며 질문하는 것이다. 그 질문은 언제나 현재 우리가 당면한 문제들을 질문하고, 과거를 되짚어 보든 미래를 예측하든, 그 문제를 해결하는 것이 학문 공동체의 책무다.

앞 장에서는 나는 대학에서 영미문학 공부와 연구가 직면한 곤경을 기술하고, 곤경을 극복할 수 있는 해법으로써 나는 텍스트 소비와 생산의 역량 훈련을 제안했다. 이 장에서는 영미문학 공부와 연구가 처한 곤경에 대한 해법에 제한되지 않고, 범위를 확장하여 포스트휴먼 시대의 인문학이 처한 곤경에 대한 해법으로써 융복합-포스트 인문학(post-disciplinary posthumanities)을 제안하고자 한다. 환경 위기, 과학 기술의 발달과 같은 긍정과 부정을 동시에 내포하는 복합적 위기에 직면하여 영미문학 연구를 포함하는 인문학이 할 수 있는 역할, 연구 방향에 대해 논의하려는 것이다.

영문학은 이제 포스트-영문학이 되어야 한다. 영문학이 늘 해왔듯이 텍스트 분석과 생산 역량이란 오래된 분과 학문적 과업을 재활성

화하는 것이 영문학의 미래가 되어야 한다. 뿐만 아니라 영문학 연구는 이제까지 문화 연구로서 오랫동안 활발하게 동시대 인종, 성, 계급의 불평등 문제의 해법에 동참해온 것처럼 인간이 처한 환경 위기와 과학기술이라는 새로운 곤경에 해법을 모색하는 융복합-포스트 인문학으로 외연을 확장하는 포스트-영문학이 되어야 한다.

인문학의 도전

인문학에 대한 사전적 정의는 다음과 같다.

> 인문학은 자연과학의 상대적인 개념으로 주로 인간과 관련된 근원적인 문제나 사상, 문화 등을 중점적으로 연구하는 학문을 지칭한다. 자연과학이 객관적인 자연 현상을 다루는 학문인 것에 반해 인문학은 인간의 가치와 관련된 제반 문제를 연구의 영역으로 삼는다.

이와 같은 사전적 정의보다 더 짧고 쉽게 인문학을 정의한다면 인문학은 '인간을 탐구하는 학문'이다. 그런데 만일 '인간'에 대한 정의가 이전과 달라졌다면 어떨까? 만물의 영장으로서 지구의 중심, 우주의 중심으로서의 인간이 아니라, 인간이 동물과 같은 비인간, 심지어 물질과도 동등한 다양한 조에(Zoe) 현현의 연속체 선상에 있다면 어떨까? 인간이 더 이상 이성적이고 제각각 분리된 개체적 주체가 아니라 내적으로 분열되고 외적으로 습합하는 관계적/생성적 주체라면 어떨까? 그렇다면 인간을 탐구하는 인문학도 인간 정의에 대한 변화와 더불어 변해야 하는 것이 아닐까? 인간 주체에 대한 정의 변화는 소위 코페르니쿠스적 인식 전환을 추동했던 포스트구조주의, 과학 기술과 미디어의 상상 초월 초급속 발전, 이데올로기 시대가 끝나고 지식과 생명조차 상품화하는 전지구적 소비 자본주의의 득세, 그에 따른 사회적/경제적 불평등의 심화, 지구가 생겨난 이래 여섯 번째 대멸종을 예견하는 환경 위기라는 역사적 조건 변화에 기인한다. 인간 주체에 대한 정의가 변화한 것은 한편으로는 변화한 역사적 조건을 기술하고 반영해야 하는 인문학의 불가피한 의무이면서 동시에 불가피한 역사적 조건에서 생존하기 위해 영리한 인류가 고안해낸 규범적 전략이라고 볼 수도 있다.

로지 브라이도티(Rosi Braidotti)는 인문학자로서 이러한 현실 변화를 치열하게 사유하고, 비판하고, 현실의 문제와 관련 있는 지식을 생산하는(producing socially relevant knowledge) 철학자다. 브라이도티는 포스트휴먼의 곤경(posthuman predicament)을 타계하기 위해서 현재의 역사적 조건에 대한 지형도를 제시하고, 험난한 지형의 함정을 피하면서 성공적으로 헤쳐 나갈 수 있는 "항해 도구"(navigational tool)로써 비판적 포스트 인문학(critical posthumanities)을[1] 제안하고 있다. 포스트 인문학에다 "비판적"이라는 말을 추가한 데는 그럴 만한 이유가 있다. 일반적으로 포스트 인문학은 트랜스인문학과 더불어 과학 기술을 사용하여 인간

1) 철학자 스테판 헤어브레히터(Stefan Herbrechter)도 브라이도티와 비슷하게, "포스트휴먼화를 휴머니즘에 내재하는 가장 최근의 문화적 징후"(13)로 보고, 묵시론적 종말을 예언하는 트랜스휴머니즘과 달리 '비판적 포스트휴머니즘'을 제안한다.

의 불멸을 추구하는 것으로 인식된다. 기관을 기계로 대체하고, 시신을 냉동하여 과학 기술이 발달한 그 어느 날 다시 부활할 것을 꿈꾸는 불멸에 대한 희망은 미리아의 욕망처럼 헛헛하다. 생명의 유한성으로 생명이 더욱 황홀하고 찬란할 수 있음을, 한 줌의 재로부터 또 다른 생명으로 응집하는 에너지의 순환을 담담히 받아들이는 아름다움은 찾아볼 수 없다. 끊임없이 사멸하고 생성하는 세포들의 공동체인 인체를 영속적 동일체로 묶어두려는 아집만이 견고한 트랜스휴머니즘과 일부 포스트휴머니즘으로부터 차별화하기 위해 브라이도티는 "비판적 포스트 인문학"이라는 용어를 사용한다. 나는 브라이도티의 "비판적 포스트 인문학"을 우리 실정에 맞게 융복합-포스트 인문학이라 칭한다.

그렇다면 브라이도티의 '비판적 포스트 인문학'은 무엇을 의미하는가. 브라이도티는 이제 인문학은 이전과 다른 질적 변화(qualitative shift)를 요청한다고 주장한다. 무엇보다도 비판적이면서 동시에 창조적인(critical and creative) 긍정성을 강조한다. 브라이도티 자신이 강조하듯이 "가상의 것(the virtual)을 현실화(actualize)하는 기획에 초점을 맞추는 것이 복잡한 현재를 헤쳐 나가는데 도움이 될 것"(2019, 37)이기 때문이다. 긍정적인 가상만이 긍정적인 현실을 만들어낼 가능성이 높아질 것이기 때문이다.

먼저 "인간"에 대한 정의를 변화시킨, 변화시킬 수밖에 없었던 역사적 조건을 하나씩 살펴보면서, 로지 브라이도티가 제안하는 융복합-포스트 인문학이 무엇인지 설명하고, 미약하나마 인문학의 미래와 비전과 더불어 포스트-영문학의 전망을 제시해보려고 한다.

포스트구조주의 주체 개념에 대처하는 '융복합-포스트 인문학'의 새로운 주체

"인간 주체는 담론적으로 구성되어 있다."

프레데릭 제임슨(Frederic Jameson)의 표현대로 인간은 "언어의 감옥"에 갇혀 있다. 인간의 인간됨은 세련된 언어 사용 능력을 근간으로 한다. 언어를 통하지 않고는 소통할 수 없고, 유발 하라리(Yuval Harari)의 말대로, 언어의 축조물을 통한 "상상적 신화의 발명"은 문명의 근간이 되기도 했다. 원시적 수준의 언어를 구사했었을 법한 구석기시대의 동굴 벽화는 언어보다 직접적인 이미지 형상이라는 매개를 사용하지만, 언어 만큼 의미를 정확하게 재현하기는 힘들다. 그만큼 문명의 진화는 언어의 진화에 의존한다. 그런데 인간을 인간되게 만드는 언어의 긍정적 측면 대신 언어가 하나의 그물망에 불과하다는 인식, 그리고 리얼리티는 언어의 그물망에 포착되기 힘들다는 인식, 결국 바깥 세상에 대한 인식은 언어로 밖에 매개될 수 없다는 한계, 그리고 그 한계가 "감옥"이 되기에 이르렀다. 언어에 의해 사유하는 인간 주체는 언어라는 감옥의 수인인 것이다.

그런데 인간의 언어 의존성에 대한 사유에서 한 걸음 더 나아가 쥘리아 크리스테바(Julia Kristeva)는 인간이 언어 사용으로 인해서 생겨나는 심리적 내적 분열에 대해 말한다. 상상계로부터 상징계로 진입하는 변환점을 언어 사용 지점으로 본다면, 언어를 사용하면서 언어로 포착되지 않는 기호계(semiotics)는 상징계의 타자로서 의식 속에 남는다고 한다. 즉 인간의 심리는 언어 이전의 상상계에 의해 끊임없이 영향받으면서 분열되어 있고, 언어를 사용하는 소위 말하는 주체(speaking subject)의 의식은 언제나 언어에 의해서 구성되어진 영역이다. 소위 상징계의 의식은 철저하게 언어로 구성되어 있다. 기호계는 언어 이전의 영역이므로 언어로 접근이 불가능하고, 신비 체험과 같은 비일상적 경험에 의해 더러 시각적 이미지리로 체험될 뿐이다.

포스트구조주의자 미셀 푸코(Michel Foucault)는 한 걸음 더 나아간다. 인간 주체가 언어에 의해 구성된 주체임을 넘어 푸코는 언어 구성체인 담론이 권력에 의해 통제되고, 따라서 인간 주체는 권력에 의해 통제되는 담론으로 구성되어 있다고 주장한다. 언어를 통해 지식을 획득하는 주체(knowing subject)는 당대의 권력들이 미세하게 작동하는 권력 감옥의 수인이라는 것이다. 권력은 지식을 권장하기도 하고 금지하기도 하면서 지식 주체를 통제한다. 우리의 지식은 우리를 구성하고 우리를 구성하는 지식 담론은 권력의 통제를 받는다.

거칠게 요약한대로 위와 같은 포스트구조주의 담론들은 이제까지 통용되던 인간에 대한 정의를 바꿔 놓기에 충분하다. 브라이도티는 이러한 포스트구조주의의 담론들을 반휴머니즘(antihumanism)이라고 부른다. 이 글은 포스트구조주의로부터 시작했지만, 사실상 브라이도티는 비판적 포스트휴머니즘을 논하기 위해서 전통적인 휴머니즘에 대한 비판부터 먼저 시작한다. 전통적인 휴머니즘은 레오나르도 다빈치의 비트루리안 인간(Vitrurian Man)이 표상하는 이성 중심, 남성 중심, 유럽 중심의 인간관을 의미한다. 이 인간관은 유럽 남성, 이성적 인간을 규범으로 하고, 그 이외 즉 비유럽 인간들, 남성이 아닌 여성, 이성적이

못한 비이성(야만)적 인간을 타자화한다. 브라이도티는 자신이 휴머니즘적 인간관을 비판하는 반휴머니즘의 지적 전통에서 출발하고 있다고 말한다. 그러나 타자성을 비판하는 반휴머니즘으로서 포스트구조주의는 위에서 말한 인간의 언어라는 감옥의 수인, 권력에 의해 통제되는 지식 담론의 수인임을 주장하고 있기 때문에 다소 갑갑한 느낌을 주고, 무엇보다도 분열된 주체, 갇혀있는 주체에게서 의미 있는 정치적 행동을 기대하기 힘들기 때문에 일종의 포스트휴먼 곤경(posthuman predicament)을 구성한다. 분열된 주체에게서 무슨 결단 있는 행동이 가능할 수 있단 말인가. 그렇다면 이러한 곤경을 어떻게 해결해나갈 것인가.

브라이도티는 분열과 구속 상태에 대한 인식 자체를 해방으로 가는 출발점으로 삼는다. 죽음이 삶에 대한 인식의 출발이듯이. 스피노자를 인용하는 브라이도티는 이렇게 말한다.

> 스피노자가 우리에게 가르친 대로 우리의 구속 상태를 이해함으로써 해방에 이른다. 해방은 부정성을 변화시킴으로써 고통으로부터 지식과 행동을 추출해낸다. (2019, 52)

언어로 인한 분열과 구속적 상황의 부정성을 인식함으로써 한 걸음 나아갈 추동력을 얻게 된다. 부정적 현실을 제대로 인식해야만 긍정성을 창조해낼 수 있으니까.

브라이도티는 부정성을 인식하는데 그치지 않는다. 들뢰즈의 영향 아래서 "유목적 주체"라는 개념을 도입함으로써 이성 중심, 남성 중심, 유럽 중심의 인간 주체 개념 뿐만 아니라, 분열되고 수인이 되어버린 인간 주체가 봉착한 막다른 골목의 돌파구로 삼는다. 유목적 주체란 일종의 '과정적 주체'를 의미하는데, 어느 한 곳에 머무르지 않고 계속적으로 이동하면서 새로운 길을 만들어내는 리좀적 주체를 의미한다. 브라이도티는 새로운 주체 개념을 이렇게 말한다.

> 주체란 자기 생성(auto-poiesis)적인 과정이나, 혹은 자기의 스타일(self-styling)을 만들어나가는 과정인데, 이는 지배적인 규범/가치와 계속적으로 협상하는 복잡한 과정, 수많은 형태의 책임을 감당해야 하는 과정에서 만들어진다. (2013, 35)

사실 이런 주체 개념은 단박에 만들어진 것이 아니고 수없이 교차하면서 축적된 담론의 결과다. 브라이도티의 짧은 주체 정의 속에는 생기론적 유물론(vitalist materialism), 급진적 내재론(radical immanence), 마뚜라나의 생명의 자기 복제성 이론들이 중층적으로 복합된 개념이다.

일단 간단하게 설명하면 주체가 "자기 생성적" 과정이란 뜻은 생명의 특성을 자기 복제/유지하는 시스템으로 보는 것이다. 이러한 존재론에서 모든 형태의 목적론은 부정된다. 생명체는 특정한 목적을 향해 나아가지 않는다는 것이다. 즉 기독교가 주장하는, 신이 인간을 창조하고 구원하는 선형적 역사관이나 세계관은 부정되고, 애초 주어진 생명과 삶의 목적 따위는 모두 부정되는 것이다. 목적은 그저 만들어갈 뿐이다. 심지어 무기물은 언제든지 유기물로 변환됨으로써 무기물과 유기물, 물질과 비물질, 인간과 비인간은 이분법적으로 대립하는 구도가 아니다. 모두를 연속선상에 있는 일체로 인식하는 새로운 존재론으로써 브라이도티는 '생기론적 유물론'을 주장하고, 이는 어떤 형태의 초월도 부정한다는 의미에서 '급진적 내재론'이다. 주체는 물질과 연속선상에 있는 존재로서 자기를 복제하고 주변 환경과 끊임없이 교섭하면서 스스로를 변화시켜 나가면서 존재한다. 주체는 어떤 초월적 존재에도 의지하지 않고 오로지 스스로 책임지고 돌파해나간다. 이러한 주체는 언제나 "유목적이고, 맥락에 박혀 있고, 체현되어 있는" (nomadic, embedded, embodied)(2019, 43) 주체다.

그렇다면 브라이도티의 주체 개념은 포스트구조주의의 주체 개념, 즉 분열되고 예속된 주체의 갑갑함을 어떻게 극복하고 어떻게 정치적 행동력을 가질 수 있게 될까. 실은 '분열된 주체'에서 '분열'이라는 단어가 굳이 부정적 함축을 담을 까닭도 없다. 그 '분열'된 상태는 인위적으로 정지된 스냅샷일 뿐, 브라이도티의 주체 개념을 따르면 연속적인 흐름의 과정에 있는 주체는 스스로 내적으로 분열되었다가 다시 통합했다가 다시 분열하는 존재이며, 주체는 닫힌 존재가 아니라 분자적으로 열려있기 때문에 주변의 만남과 환경과의 끊임없는 교섭을 통해서 늘 변화의 과정에 있는 존재다. 우리는 수없이 많은 만남의 과정에서 변화하고 햇빛과 외기에 닿는 살갗 표면이 상호작용하면서 쉼없이 노화하고 다시 생성되는 과정 속에 있다. 그렇다면 '분열'은 그저 변화의 연속에서 자연스러운 과정일 뿐 딱히 부정적일 까닭이 없다. 그저 주체의 리얼한 실제 모습일 뿐이다. 주체가 본래 끊임없는 과정 중에 있음을 받아들인다면 분열적 주체라고 해서 행동력이 없을 까닭이 없다. 마찬가지로 주체의 예속 상태에 대해서는 이미 말했듯이 예속을 깨닫는 지점이 바로 역설적으로 해방의 지점이 되듯이, 인간이 비록 담론적으로 구성되었고 담론은 미세한 권력의 통제 하에 있더라도 그것은 인식하는 순간 해방된 주체는 정치적 행동이 언제든지 가능할 것이다. 물론 늘 깨어있다는 전제 하에서. 현실은 늘 수많은 함정으로 가득하므로.

이에 대해 브라이도티는 "권력의 순수한 '바깥' 전혀 오염되지 않는 바깥은 존재하지 않는다"(2019, 49)라고 말하면서 순수한 주체는 없음을 인정한다. 그리고 순수하지 않은 상태에서 서로 간 연결성 속에서 집단적/정치적 힘이 발현될 수 있다고 제안한다. 브라이도티는 포스트휴먼 주체를 이와 같이 정의한다.

> 나의 작업에서 나는 비판적 포스트휴먼 주체를 다양한 소속을 가지고 있는 에코철학 안에서 정의한다. 즉 다중 안에서 구성된 관계적 주체, 즉 차이를 횡단하는 주체, 내적으로 미분화되어 있으나 땅에 깊이 뿌리박고 있고 책임감 있는 주체다. 포스트휴먼 주체는 체현되고, 어딘가에 소속되고, 부분적인 설명력을 지니는 주체다. 강력한 집단 감각, 관계성, 공동체 만들기의 감각을 지닌 주체다. (2013, 49)

다시 말하면 브라이도티가 제안하는 포스트휴먼 주체는 여러 집단과 장소에 소속되면서 스스로 분열/미분화되면서 동시에 자신의 명확한 소속감을 지니고 연대하는 주체다. 브라이도티는 이를 "자리의 정치학"(politics of location)이라고 부른다. 소위 우리가 흔히 말하는 "포지셔닝"의 중요성을 강조하는 주체다. 전체이기를 포기하지만 일부분의 땅에 깊이 뿌리내리고 그곳에서부터 시작하는 정치학이다. 전체와 보편의 허세를 포기한 것이다.

과학 기술의 발전/환경 위기에 대처하는 비판적 포스트 인문학의 "조에-평등주의":

"다윈이 인문학의 허세를 꺾었다."

엘리자베스 그로츠가 "다윈이 인문학의 허세를 꺾었다"고 말할 때, 이는 인간을 탐구하는 인문학이 더 이상 추측에 근거(speculative)하지 않고 과학적으로 증명된 이론을 겸허하게 수용해야 한다는 뜻이다. 다윈의 진화론과 이후 진화 생물학의 발전을 고려하지 않는 인간 이해는 불성실하고 지적으로 태만할 수밖에 없다.

게다가 최근의 유전 공학, 나노 기술, 로봇학, 인공 지능, 뇌과학의 발전은, 레이 커즈와일(Ray Kurzweil)에 따르면 인류가 생물학을 초월하는 "특이점"에 도달할 미래까지 예견하는 중이다. 커즈와일이 예견하는 혈관을 흐르는 의학용 나노 로봇, 완전 몰입형 가상 현실, 뇌의 정보를 컴퓨터화하여 영생을 누리는 것, 광속을 뛰어넘어 우주로 나가는 것 등등은 그의 발명가로서의 전문성을 고려할 때 영 불가능한 현실만은 아닐지도 모른지라 다소 섬뜩하게 설득당하는 측면이 있다.

인문학이 현대 과학의 성과를 수용하는 것은 당연한 의무이지만, 커즈와일이 예견하는 미래상은 인문학이 감당하기 힘들어서 정말 그런 미래가 온다면 인문학이 무엇을 어떻게 해야 할지 상상하기도 힘들다. 그것은 그때 가서 생각해볼 문제다.

다만 우리는 기계를 적대시하면서 기계에 대한 막연한 두려움을 느끼는 경향이 있다. 기계에 대한 막연한 두려움을 표현한 하이데거는 과학과 기술의 기계는 '기계 같은 마음'만을 심어주기 때문에 인간 실존을 위협한다고 보았다.[7] "즉 기계가 사람의 마음 속에 소위 기심(機心), 즉 기계 같은 마음만을 심어 주기 때문에 두레박이라는 기계를 사용하지 않는다는 일화가 하이데거의 기술론에 큰 영향을 끼친다"고 김용준은 말한다. 하이데거의 기계 기술에 대한 적대감은 대중적으로는 여전하지만 이론적으로는 적대감을 넘어 인간도 기계라는 생각에 도달하였다.

기계 기술의 발전으로 초래된 포스트휴먼 곤경을 브라이도티는 생산적이고 긍정적인 시각으로 바라보는데 이제 곧 설명하게 될 동물-되기, 지구-되기와 더불어 기계-되기를 제안한다. "기계-되기는 인간과 기계로 분할하는 경계를 없애고 생체와 기계가 서로 매개하는 관계를 주체 형성의 근간으로 받아들이는 것이다"(2013, 67)라고 말한다. 이는 도나 해러웨이(Donna Harraway)의 "사이보그" 개념과 동일하다. 인간과 기계가 공존하는 현실을 그대로 인정하고 생체에 기계가 덧붙여지는 주체를 현실로 받아들이는 것이다. 브라이도티는 이렇게 말한다.

> ... 복제양 돌리는 현실이다. 공상 과학 소설의 등장 인물이 아니라, 우리의 과학적 연구와 적극적인 사회적 상상과 대규모 경제적 투자의 결과다. 오스카 피스토리우스는 비록 '블레이드 러너'로 널리 알려져 있지만, 전자 양을 꿈꾸지 않는다. 지구적 운송 중심지들의 주요 대도시로 연결하는 무인 기차는 익숙하고, 우리 손의 전자 기계는 매우 강력하다. ... 이것은 헉슬리의 『멋진 신세계』가 아니다. 최악의 모더니즘 악

---

2) 김용준. 『사람의 과학』, 「현대기술에 대한 하이데거의 경고」 참조. 66-74.

> 몽들이 그려낸 디스토피아도 아니다. 현대 인간의 육체를 초월하는 트랜스휴머니즘의 황홀경도 아니다. 이것은 우리가 바로 그 안에 있음을 인지한 새로운 현실이다. 포스트휴먼 지구 행성의 내재적인 여기 그리고 지금이다. (2013, 197)

헉슬리도 하이데거와 마찬가지로 기계와 과학의 발전에 대한 두려움이 가득하다. 물론 그의 두려움은 전체주의에 대한 두려움이 더욱 크겠으나 기계와 약물에 의해 통제되는 헉슬리의 세상은 분명히 디스토피아다. 그에 반해 브라이도티는 기술과 기계에 의해 매개되는 인간 주체를 기정 사실로 받아들인다. 브라이도티는 한 걸음 더 나아가서 "인간 유기체를 하나의 기계라고 정의하는 것이 유용하다"고 말한다. 인간 신체는 "에너지와 힘을 포착해서 처리하고 변형시키는 정서적이고 지능적인 체현체"(2013, 139)라는 점에서 기계라고 불릴 수도 있다는 것이다. 인간이 기계라면 하이데거처럼 기계를 그토록 두려워할 이유는 없을지도 모른다.

다만 브라이도티는 생명체를 정보화/자본화하여 이윤을 추구하는 인지 자본주의의 위험에 대해서는 긴장하고 있다. 이에 대한 대안으로서 브라이도티는 신물질주의적, 생기론적 물질주의을 제시한다.

> 신-물질주의적 생기론적 입장은 생체로 매개되는 인지 자본주의가 이윤을 추구하는 지식을 생산하고 그 생산을 가속화하는 것을 강력하게 저지할 수 있는 방안이다. ...즉 살아있는 물질을 조에-땅-중심의 과정(zoe-geo-central process)으로 여기는 것이다. 즉 살아있는 물질은 복잡한 방식으로 기계-사회, 심리적, 자연적 환경과 교섭하는 존재로 본다. 그래서 자본주의 이윤 원칙에 의해 오버코딩되는 것에 저항하고 (그로 인

> 한 구조적 불평등에 저항한다). 결국 횡단하는 주체성(transversal subjectivities)이라는 긍정적 토대를 만들어낸다. (2019, 42)

앞서도 말했듯이 인간과 비인간(물질, 식물, 동물, 박테리아 등)을 이분법적 대립이 아니라, 인간과 비인간을 막론하고 모든 존재가 다양한 정도의 조에(생기적 에너지)의 현현이라고 본다면, 인지 자본주의의 부정적 측면을 저지할 수 있다는 뜻이다. 분자 생물학의 놀라운 발전은 생명체인 유기물 뿐만 아니라 무기 물질도[3] 구조적으로 관계적이며 다양한 환경과 연계되어 있다고 말한다. 그래서 모든 물질은 지능적이라는 것이다. 물질은 정보 코드에 의해 추동되고, 정보 코드는 사회, 정신, 생태적 환경과 여러 방식으로 상호작용한다. 이러한 인식이 생명을 자본화하고 포스트 인문학 자체를 자본화하는 인지 자본주의의 거대한 힘을 막아낼 수 있을까? 물질에 대한 새로운 인식이 과연 거대한 인지 자본주의의 파도를 넘을 수 있을까? 이 부분은 논리적으로 잘 납득이 안된다.

그런가 하면, 환경의 위기로 비롯된 인간 멸종의 위기는 일상적으로 체감하는 위협이다. 2억년 전 지구를 지배하던 공룡들이 6600만년 유카탄 반도를 강타한 소행성으로 인해서 모두가 멸종해버렸고, 지구상의 4분의 3의 동식물이 더불어 모두 멸종해버렸다면, 환경의 재앙이든, 외계에서 날아든 또 다른 소행성과의 충돌이든, 대멸종이 영 허무

3) 과거에는 생체를 구성하고 생체가 만들어내는 물질을 유기물이라고 하고, 그 밖의 것들을 무기물이라고 했지만, 1828년 뵐러가 암모니아와 이산화탄소에서 유기물인 요소 합성에 성공한 이래로 유기물과 무기물을 딱히 구분하지 않는다고 한다.

맹랑한 시나리오는 아니다. 2014년 출간되고 퓰리처상을 수상한 엘리자베스 콜버트(Elizabeth Kolbert)의 책 『여섯 번째 대멸종』에서 콜버트는 지구의 지난 5억년의 역사만 보더라도 다섯 번의 대멸종이 있었다고 보고한다. 최악의 세 번째 대멸종은 약 2억5만년 경에 일어났는데, 화산 폭발로 이산화탄소가 대량 방출되면서 지구상 생물의 90퍼센트가 사라졌다고 한다. 앞으로 인류가 초래한 환경 위기로 지구가 다시금 여섯 번째 멸종의 위기에 처한다면, 영국의 지질학자인 얀 잘라지위즈(Jan Zalasiewicz)에 따르면 살아남는 종은 많은 사람들이 추측하듯이 바퀴벌레가 아니라 아마도 쥐가 될 것이라고 말한다. 쥐가 진화하여 도구를 사용하고, 동굴에서 살아가고, 다른 동물들의 가죽을 뒤집어쓰고 추위를 피하게 될 것이라고 말한다. 안 그럴 이유가 없다. 만일 정말 그런 일이 일어난다면.

포스트휴머니즘의 핵심이 인간 중심 주의의 지양이라면 인류가 멸종한들 지구의 입장에서 보면 큰 문제는 아니다. 누군가는 살아남을 것이고 생명체는 다시금 생성되고 특별히 지구의 지배종인 식물은 끈질기게 살아 남아 인간 이후의 또 다른 생태계를 구성하게 될 것이기 때문이다. 그렇다면 종으로서 사피엔스의 우월감은 사라져야 할 것이고 인간이 지구상의 수많은 동식물과 조에를 공유하는 물질 혹은 생명체로서 "조에-중심적 평등주의" 의식이 필요할 것이다. 지난 약 만년 동안 충적세를 이어 소위 "인류세"라고 부르는 기간에 돌입한 시점에서 "조에중심적 평등주의"만이 어쩌면 더 이상의 환경 파괴를 멈출 수 있는 방법이 될지도 모르겠다.

시장 자본주의와 사회경제적 불평등에 대처하는 융복합-포스트 인문학의 "횡단적 동맹"(transversal alliances)

인간이 여타 동물과 다를 바 없다는 인간의 종적 우월감이 사라진 포스트휴먼적 겸손함은 인간들 사이 짐짓 우열처럼 보이는 차이에서 비롯되는 우월감과 열등감도 없애버릴 수 있을까? 브라이도티는 포스트휴먼개념이 종적 우월성을 해체하고 조애중심적 평등주의를 주창한다면, 유럽 중심주의, 근대 이성주의에서 비롯되는 소위 문명국의 우월감도 사라지게 할 것이고, 우월감이 빚어내는 구조적 타자화와 그로 인한 거대 자본들의 전지구적 착취도 멈추게 할 수 있다고 긍정적으로 주장한다.

『거대한 역설: 왜 개발할수록 불평등해지는가』에서 저자인 필립 맥마이클(Philip McMichael)에 따르면 1970년대 이후 세계는 경제 지구화라는 큰 흐름을 수용하면서 모든 주체가 자유롭게 시장에 참여하고 이익을 추구하는 것이 진정한 발전이라는 신자유주의적 이념이 대세를 이루기 시작했다. 시장에 대한 규제를 완화하고 다국적 기업과 자유무역을 전면에 내세웠다. 개개인을 국가로부터 해방시킨다는 명분으로 시작된 신자유주의는 결국 시장이 사회를 지배하고 통제하도록 만들고 역설적으로 스스로 새로운 억압 기제가 되었던 것이다. 세계 경제는 복잡한 연결 고리 속에서 얽혀 있고 좋게 말해서 상호의존적이라지만, 상호의존성은 사실상 제로섬 게임으로서 일방적으로 한 쪽이 더 많은 이득을 얻게 되면 다른 쪽은 그만큼 잃게 되는 현실을 초래했다. 1970년대 한국에서 밀가루 음식을 장려하던 국내적 사건이 실은 미국정부가 1954년부터 자국의 잉여 농산물을 처분하기 위해서 저렴하게 제3세계에 팔려던 국제적 도모의 일환이었던 것처럼 말이다.

> 식량 원조 프로그램에 따라 추진된 밀 수입은 제3세계의 늘어난 도시 인구를 지탱해주었다. 제3세계 정부들은 원조 받은 식량을 국내에서 배급할 수 있는 프로그램을 마련해 이른바 개발 동맹들...에게 혜택을 주었다. 저렴한 원조 식량 덕분에 제3세계 소비자들은 구매력에 여유가 생겼고, 노동비용을 보조하는 효과가 발생했으며, 도시 거주민의 불만을 무마하고 제3세계 산업 투자 환경을 개선하는 것 같은 혜택이 돌아갔다. (137)

원조는 일견 인도주의적인 행위로 보였지만 실은 원조 제공자의 이득을 위해 이뤄지고 구매력 있는 미래 시장 확보를 위한 장기적 안목의 실속 있는 투자였던 것이다.

전지구적 자본주의와 그에 따른 불평등 심화에 대해 브라이도티는 권력 분석을 기반으로 하는 "횡단적 동맹"을 제안한다. 브라이도티는 이렇게 말한다.

> 토착적[제3세계] 지식 체계, 페미니스트, 퀴어, 비인간이나 기술적으로 매개된 존재들, 그 어디를 보든지 간에 그들은 실제 생명 주체이면서도 그들의 지식은 공식적인 지형도 어디에도 진입하지 못하고 있다. 그들을 보이도록 하고 나타나게 하려면 급진적인 내재적 정치학을 작동시켜야 하고, 횡단적 동맹을 통하여 소수자 자신들이 만들어내는 지식을 구체화하고 실체화하는 것을 목표로 삼아야 하다. 심지어 소수자의 학문에서조차 빠져버린 사람들은 횡단적 동맹을 통해서 지식 주체로 구성되어야 한다. (2019, 51)

위의 인용에서는 조에-평등주의에서 배제된 모든 주체들(개인, 집단, 국가, 동물, 무생물, 환경)의 횡단적 동맹을 제안하기 때문에 딱히 전지구적 사회경제 불평등만을 딱 꼬집어서 해결책을 제안하는 것은 아닐지도 모른다. 하지만 전체적인 맥락에서 볼 때 브라이도티는 "박탈당한 사람들과 힘을 빼앗긴 사람들"(the dispossessed and the disempowered) 모두를 포함하는 횡단적 동맹을 제안하고 있으므로 분명히 전지구적인 사회경제 불평등을 염두에 두고 있음에 틀림없다.

융복합-포스트 인문학을 향하여

이 글을 시작하면서 인간 주체의 개념이 변화한다면 인간을 탐구하는 인문학도 변화해야 하지 않을까를 질문했었다. 브라이도티는 이제까지 말한대로 주체의 위기, 기술과 환경의 위기, 불평등의 위기라는 역사적 조건을 극복하기 위한 대안으로서 주체에 대한 새로운 정의, 새로운 존재론, 만물의 평등주의, 배제된 자들의 횡단적 동맹을 제안했다. 브라이도티가 제안하는 '비판적 포스트 인문학'이란 바로 이제까지 말한 유목적 주체, 생기론적 유물론, 조에평등주의, 기존의 권력에서 배제된 자들을 해방시키기 위한 횡단적 동맹을 기반으로 한다.

포스트 인문학은 다양한 학제적 연구의 형태로 이미 활발하게 발전하고 있다. 그런데 브라이도티는 현재 학제간 연구들이 전통적인 장벽을 다시 세우고 있으며, 학제간 연구들, 특히 포스트 인문학의 대표격인 디지털 인문학과 환경 인문학 분야는 각종 펀드를 받는 주류 연구로 성장하면서 오히려 인지적 자본주의와 신자유주의에 영향 하에서 비판적 포스트 인문학이 지녀야 할 본래의 비판성을 잃고 있다고 판단한다. 그렇다면 포스트 인문학은 어떻게 비판적일 수 있는 것일까?

포스트 인문학이 비판적이려면 신자유주의에 휘둘리지 않기 위해서 언제나 소수자 의식을 지녀야 한다고 강조한다. 그런 의미에서 비판적 포스트 인문학은 페미니스트/퀴어/이주자/탈식민/디아스포라/소수자 주체들 소위 "빠진 사람들"(missing people)을 다루면서 정치적 잠재력을 지녀야 한다고 주장한다. 그래서 비판적 포스트 인문학은 전통적 인문학의 가장자리에서 기존 연구의 파생(offspring) 형태로 출현하고 있다고 말한다. 브라이도티는 역사적 조건의 변화에 대처하는 비판적 포스트 인문학의 모범적 사례로서 페미니즘 연구를 자주 예로 들고 있다. 페미니즘은 전통적 인문학의 가장 자리에서 문학, 역사, 철학, 사회학, 법학, 복지학, 경제학, 커뮤니케이션학, 의학, 간호학과 다양한 학문들이 함께 분과 학문의 경계를 넘어 여성에 대한 성차별과 억압과 착취를 종식하려는 목적으로 폭넓게 연구하고 있다.

페미니스트 포스트-학문적 포스트-인문학자인 니나 리케(Nina Lykke)는 자신이 문학 텍스트를 분석하는 문학 연구자(literary scholar)로 출발했지만 문학이라는 분과 학문을 너머 여러 분과 학문을 포괄하면서 페미니스트로서 특정한 문제에 대한 해결을 모색한다. 리케는 「열정적으로 포스트휴먼하기: 페미니스트적 탈동일시로부터 포스트-분과 학문적 포스트 인문학으로」라는 글에서 암을 포스트-분과 학문적으로 분석하는 예를 제시한다(29-31).

니케는 근래 본인이 연구하고 있는 암문화, 애도, 죽음에 대한 연구를 소개한다. 일단 니케는 암으로 진단 받은 주체의 경우 일상의 시공간이 현격하게 변화하는 방식을 분석한다. 이때 니케는 잠정적으로 분리된 분석 설비로서 도나 해러웨이의 개념인 '신체적 생산'(bodily production)을 선택하여 활용한다. 니케는 잠정적으로 분류하여 분석에 필요한 차원들을 잘라낸다. 그리하여 1) 담론으로서의 몸, 2) 기술적으로 변형된 물질로서의 몸, 3) 책략가(trickster)로서의 몸을 구분하면서, 이들을 모두 서로 뒤엉켜있음을 또한 인지하고 있다. 첫 번째, 환자는 "암"이라는 담론이 가지고 있는 상징적 의미들, 즉 결국 죽음으로 향하는 통제 불능의 무시무시한 병이라는 의미를 진단을 받는 순간 모두 받아들일 수밖에 없도록 만든다. 암이라는 언어 자체가 지니는 부패의 기호를 부담하지 않고 세상을 향해 대담하게 웃어줄 수 없다면 누구나 멀찌감치 떨어지고 싶은 터부다. 암을 치료하고 고통을 경감시키기 위해 동원되는 기술의 관점에서 본다면 암환자의 설비는 체계적인 키모 치료, 방사선 치료들인데 이들은 인간의 몸을 말 그대로 형태를 바꿔버린다. 머리카락이 빠지고, 체중이 감소하는 것이 가장 눈에 띄는 변화인데, 이런 변화는 암세포를 없애기도 하지만, 면역력을 약화시키고, 혈액의 퍼센티지를 낮추기도 한다. 트릭스터로서의 몸으로 보면, 암환자의 신체적 생산은 인간의 통제를 넘어서는 신체적 행위를 보여준다. 암세포는 트릭스터의 역할을 완벽하게 담당하면서, 기관의 경계를 넘어 마구 퍼져나간다. 암이 그토록 무서운 병인 이유는 바로 이 통제 불능 과도한 생명력이다. 마지막으로 암문화 프로젝트에 대해서 윤리적-인지적-존재론적으로 접근한다. 연구는 니케 자신의 평생 동반자가 암으로 사망한 것에 대해 애도라는 정서적 맥락에 위치하고 있다. 뿐만 아니라 의료 시스템 안에 있는 암환자 상담과 커뮤니케이션에 대한 더 큰 맥락의 초분과적인 프로젝트의 맥락에 위치하고 있다. 인식론적으로는 이 연구는 상황적 지식이라는 페미니스트의 인식론에 정박하고 있다. 이 연구는 정서적으로 헌신하는 연구자가 진행하고 있다는 신뢰에 기초하고 있으며, 연구자는 정서 뿐만 아니라 연구자가 활용하는 기술과 입장의 효과에 대한 철저하고 꼼꼼한 자기 성찰이 함께 한다는 믿음에 기초하고 있다. 존재론과 윤리학의 측면에서 보면 이 프로젝트는 현재의 인문학과 과학의 틀을 넘어서 암과 죽음을 이해하려는 새로운 존재론과 윤리학을 산출하려는 깊은 개인적 욕망을 가지고 진행되었다.

니케가 진행하는 연구의 맥락에서 서구 인문학의 전통은 문제적으로 보였다. 왜냐하면 한편으로 이원론적 기독교와 플라톤주의가 지배하고 있어서, 죽은 신체는 저급한 물질이고 "불멸의 영혼"을 위한 발판에 불과하다고 생각하기 때문이다. 다른 한편으로 인본주의의 다른 대안은 현대 과학의 관점인데 이것 역시 죽은 신체를 기독교나 플라톤주의와 마찬가지로 저급한 물질로 보고 있다. 윤리학적으로나 존재론적으로나 니케는 사랑하는 사람의 죽은 신체와 재를 저급한 물질로 강등되는 것을 받아들이지 못한다. 다른 죽은 신체나 살아 있는 신체 역시 저급한 물질 덩어리는 아니다. 이런 이유로 니케는 포스트 인문학으로 전회한다. 특히 새로운 입장을 창조할 영감을 위하여 페미니스트 네오바이탈리스트의 틀을 선호하게 된다. 그리하여 암과 죽음에 대한 이해는 몸에 대한 포스트-분과 학문적 이해를 통해 전통적인 종교나 인문학이나 과학의 범주을 넘어서는 새로운 존재론과 윤리학에 도달하게 된다.

융복합 포스트 인문학은 반복해서 말했듯이 일원적 생기론이고, 유목적, 어딘가에 뿌리를 내리는, 체현된, 기술로 매개된 주체론이고, 조에중심 평등주의에 기반을 두어야 한다. 더불어 권력 관계와 배제/지배의 사회 형태를 분석할 수 있어야 한다. 비판적 포스트 인문학을 평가하는 두 가지 방법이 있는데 하나는 "새로운 메타 담론적 에너지"(new-meta discursive energy)를 표현하고 있는가이다. 즉 비판적 포스트 인문학은 치열한 자기 성찰을 통해서 현재의 학문 영역을 넘어서 실제 세계의 문제를 다뤄야 한다는 것이다. 마치 암과 죽음의 문제, 여성의 억압과 착취, 진영 논리로 인한 소통 불가능성, 국제적 파시즘의 출현과 같은 실질적 문제를 다뤄야 한다는 것이다. 이것은 인문학이 사회적으로 관련 있는 지식을 생산해야 한다는 인문학 본연의 임무와 상통한다. 두 번째 비판적 포스트 인문학은 다양한 실천과 담론을 유목적으로 확대해 나가야 한다. 서로 관련되는 것들을 리좀식으로 결합하고 서로를 횡단적으로 교류해야 한다(cross pollination). 그래서 계속적으로 하이브리드적 지식과 새로운 이질적 집합체를 만들어 나가는 것이다.

내 방식으로 설명하면 포스트 인문학은 우리가 살아가는 문제에 대한 성찰과 분석과 해결을 도모해야 한다. 하나의 문제를 해결하려면 다양한 학문 분야의 다각적인 성찰과 분석이 함께 가야 한다. 앞서 말했듯이 그런 점에서 페미니즘 이론은 가장 모범적인 사례다. 페미니즘적 주체는 "자리의 정치학"을 도구로 하여, 자리에 뿌리내릴 뿐만 아니라, 끊임없이 주변과 관계하고 교류하는 유목적 주체로서, 기존과 다른 길을 만들어 내고자 한다. 여성은 단 한번도 제대로 주체가 되어 본 적도, 주체로 기술된 적도, 주체로서 세상을 해석해 본 적도 없기 때문이다. 포스트휴먼 페미니즘은 끊임없이 새로운 길을 내면서, 다양한 학문 분야와 교류하고 결합하면서 여성의 종속을 인식하고 해방을 모색하고, 개인과 제도를 변혁하는 매우 정치적인 담론이다.

그런데 실제로 브라이도티는 2019년에 발표된 논문에서도 우리가 급히 해결해야 할 현안에 대한 언급이 없다. 즉 2010년 이후부터 나타난 현상인 신국수주의의 대두, 트럼트와 브렉시트를 지지하는 사람들의 세력화, 난민 문제, 테러와 전쟁에 대한 보다 치밀한 분석이 없다. 관심이 없다기 보다는 초점을 맞추기 않았을 가능성이 크겠지만 비판적 포스트 인문학적 관점에서 브라이도티가 이런 문제들에 대해 어떤 제안을 할지 궁금하다.

또한 브라이도티가 제안하는 유목적 주체, 횡단적 동맹, 조에평등주의 등등은 사실상 너무나 긍정적이고 너무나 규범적(prescriptive)이어서, 우리의 목표 설정에 도움이 되긴 하지만 목표를 향해 망망대해를 항해할 때 과연 실제로 쓸 만한 항해 도구로써 지도와 나침반이 되어줄 수 있을지 과연 실용적인 가치가 있을지 살짝 의심스럽다.

불만이 없진 않아도 나름 포스트구조주의의 주체 개념에 정치적 행동을 위한 돌파구를 마련해주고, 환경 위기, 과학 기술의 발전, 전지구적 자본주의와 그에 따른 불평등을 문제를 제기하고 자신의 철학 안에서 해결책을 도모하고 제시한다는 면에서, 브라이도티가 제안하는 포스트 인문학은 지금 여기 한국에서 우리의 문제를 숙고해야 할 인문학자들이 잠시 멈춰서 과연 어디도 항해해야 할지 방향을 잡는데 충분한 가이드가 될 수 있으리라 생각한다.

포스트-영문학은 인문학의 한 분과학문으로서 융복합 포스트-인문학의 새로운 존재론과 인식론으로 전향하고, 분야 간 횡단적 동맹을 도모한다. 오래전 이미 문화연구로 전회한 영미문학의 연구 모델은 이제 인문사회 영역 뿐만 아니라 과학, 공학, 의학까지 횡단하는 융복합 포스트-영문학으로 거듭날 필요가 있다. 포스트-영문학은 미적 텍스트의 분석이라는 본연의 전문성을 십분 발휘하면서 1) 영미문학 텍스트를 분석하여 포스트-인문학의 새로운 존재론과 인식론을 발굴하고, 2) 과학, 공학, 의학적 지식을 종횡무진 횡단하고 활용하는 영미문학 텍스트들, 이를테면 한창 주목받는 사이언스 픽션을 분석해 볼 수도 있다. 혹은 3) 포스트-휴먼 이론을 활용하여 기존의 문학작품을 새롭게 접근하여 분석해볼 수도 있을 것이다. 예를 들면, 졸고 「동물되기, 풍경되기: 마가렛 앳우드의 『서피싱』」은 1)에 해당하는 포스트-영문학 시도로 볼 수 있겠다. 2)와 3)에 해당하는 포스트-영문학의 시도는 나의 다음 프로젝트다. 철저한 영미문학 텍스트의 분석을 기반으로 융복합 포스트-인문학으로서 포스트-영문학을 시도해볼 예정이다.

6장
대학 교양 영어의 전환

대학 교육은 더 이상 과거 소수를 위한 엘리트 교육이 아니라 다수를 위한 시민 교육으로 변모한지 오래다. 그래서 대학 학부는 최소한 문화 생활을 영위하기 위해서 필수적인 생업과 지적 역량을 가진 시민을 배출하는 교육을 기본 목적으로 한다. 그러려면 성공적인 생업을 위한 세분화된 전공 영역뿐만 아니라 시민적 역량을 위한 교양 교육은 갈수록 더 중요해지고 있다. 요즘은 한 가지 전공만으로는 매우 부족해서 복수 전공을 권장할 뿐만 아니라, 연구와 교육 모두에서 융복합적 역량이 필수가 되고 있다. 그래서 성공적인 생업을 위해서라도 세부 전공과 더불어 세부 전공과 관련된 인접 학문 영역으로 배움의 외연을 확장하는 추세이기도 하다. 성공적인 생업과 역량 있는 시민이 되기 위해 갖춰야 할 교양은 갈수록 많아지고 있다. 쉽게 말해 공부할 것이 너무나 많아졌다. 인문학 전반의 교양, 즉 문학, 역사, 철학에 대한 기초 지식 뿐만 아니라, 과학, 공학, 의학 분야에 대한 기초 지식도 점점 더 필수가 되고 있다. 두루 알아야 할 필요성이 증가하고 있다.

그 중 영어는 어느 대학이나 필수 기초 교양 과목으로 지정하고 있다. 적어도 지금까지는 뭘 하든 영어는 꼭 잘해야 한다는 사회적 합의가 탄탄하게 형성되어 있는 까닭이다. 전공의 종류를 막론하고 전공의 기초와 심화 교육과 관련된 정보들이 영어로 쓰여 있기 때문이다. 좀 슬프긴 하지만 어쩔 수 없는 현실이라서 영어를 모르면 고급 정보에 대한 접근이 애당초 불가능하다. 그런 필요 때문에 영어는 대한민국 거의 모든 대학이 필수 교양으로 지정하고 있다.

대학 교양 영어의 목적은 영어라는 언어를 숙달하는 것이다. 역량있는 시민으로서 요구되는 영어 언어 능력이란 단순히 인사 정도, 단순한 신변 잡담을 나누는 수준을 의미하지 않는다. 전문적 지식을 지닌 시민이 갖춰야 할 교양으로서의 영어란 자신의 전공 분야의 원서를 읽을 수 있고, 전공 분야에서 발생하는 논의를 영어로 말하고 쓸 수 있는 수준과 종류의 영어를 의미한다. 그렇다고 대학 교양 영어가 각 전공마다 다른 전공 수준의 영어를 다룰 수는 없고, 고급 영어의 기본이 되는 명문을 읽고 쓰고 말하고 듣는 훈련이 동시에 이루어짐으로써 기본적인 언어 역량의 향상을 목적으로 한다.

영어 언어 역량 강화를 위한 교양 영어

대학의 교양 영어는 대체로 그 대학의 영어영문학과가 주관하고 있다. 그런데 현재 충남대에서 진행되는 교양 영어 교육에 대해서 세 가지 문제를 지적할 수 있다. 첫 번째 문제는 실제 교육 현장에서 교양 영어를 가르치는 교강사들의 연구 내용과 교양 영어의 교육 내용 사이에는 괴리가 있다는 점이다. 교양 영어를 가르치는 강사들은 대부분 영문학 혹은 영어학을 전공한 박사들이다. 영문학 박사들만 한정해서 본다면 그들은 영문학 텍스트 분석을 전문으로 하는 박사들임에도 불구하고 교양 영어 과목을 담당하면서 단순 회화나 토익방식 문제 풀이만을 가르치고 있었다. 다시 말하면 교양 영어를 가르치면서 그들의 연구자로서의 전문성이 교육자로서의 교육 활동과 현저하게 유리되고 있다.

이 문제를 어떻게 해결할 것인가. 영문과가 주관하는 교양 영어는 사실상 전공 영문학 교육과 동일선상에 있다고 봐야 한다. 이를테면 경제학과의 교양 과목인 경제학 원론, 물리학과가 제공하는 물리학 교양 과목들이 그들의 전공 과목과 수준의 차이는 있을지언정 내용의 차이는 있을 수 없다. 마찬가지로, 교양 영어 역시 영문학과 전공 과목의 연장선에 있어야 하며 다만 1학년의 위한 교양 과목이기 때문에 쉽게 구성된 교육 내용일 필요가 있다. 그래야만 교양 영어의 취지에 맞고 영문학과 영어학 박사들의 전문성도 십분 활용 가능해진다.

따라서 교양 영어는 현행대로, 회화, 작문, 토익을 따로 따로 가르치는 방식이 아니라, 쉬운 영문학 소설이나 시, 에세이, 신문기사 등을 읽히고, 분석하고, 그에 기반하여 글을 쓰도록 교육하는 방식이 가장 적절해 보인다. 교양 영어의 목표 역시 언어의 숙달이기 때문에 샘플로서 좋은 글을 읽고, 이를 분석하며, 분석을 기반으로 글쓰기를 연습하는, 영문학과 전공 강의와 비슷하게 구성되는 것이 타당하다.

물론 영문과와는 다른 수준의 차별화는 필요할 것이다. 그렇다하더라도 현행 교양 영어의 수준을 높일 필요가 있다. 영어 회화 중심의 교양 영어는 지극히 단편적이고 유치해서 대학생으로서 배우기엔 부끄럽다. 지금 대학생들은 초등학교에서부터 영어를 배운 세대다. 이전

세대에 비해 듣기 능력은 월등히 향상되었고, 개인차가 있긴 하지만 말하기도 이전보다는 훨씬 낫다. 따라서 초등학교부터 너무나 익숙한 인사 나누기와 자기 소개로 부터 시작하는 영어 회화 수준은 재고할 필요가 있다. 물론 학생들의 영어 수준이 다양해서 상중하 어디에 초점을 맞추는가는 언제나 교육학적 논란의 여지가 있긴 하지만, 적어도 대학에서는 적어도 충남대에서는 상위 30%의 학생들에 강의의 수준을 맞추어야 한다.

토익 문제 풀이하는 교양 영어?

두 번째 문제는 대학이 교양 영어의 목표를 토익의 고득점으로 내세우고 교양 영어를 토익방식으로 전면 개정해버린 점이다. 2014년 경 대학 교양 영어에서 토익 문제 풀이가 대세였던 적이 있긴 했다. 하지만 만일 공인영어 성적의 고득점이 영어 능력의 탁월함을 의미한다면 공인영어 시험 고득점이 교양 영어의 목표라는 말이 영 틀린 말은 아니다. 교양 영어의 목표는 분명히 영어의 읽기, 듣기, 말하기, 쓰기의 네 기능을 잘 숙달하여 탁월한 실력을 확보하는 것이고, 다행히 교양 영어 교육을 통해 탁월한 영어 실력을 확보했다면 공인영어에서도 고득점을 맞은 확률은 높다. 그러니까 교양 영어의 목표를 학생들의 영어 능력을 객관적으로 측정하는 지표로써 공인 영어 성적의 고득점에 맞춘 것 영 틀리지는 않다.

하지만 공인 영어 성적에서 고득점을 얻기 위한 방법으로써 시험대비 문제 풀이만 해야 한다는 말에는 어패가 있다. 고등학교 수능은 학생들의 수학 능력을 평가하는 시험인데 고등학교 3년 내내 주야장천 모의 고사 문제만 푸는 것이 과연 학생들의 수학 능력을 잘 길러주는 것일까? 물론 모의 고사도 봐야 한다. 문제 유형을 익힐 목적이라면 모의 고사 문제를 많이 풀어보는 것이 도움이 되긴 한다. 하지만 수학 능력이라는 것이 모의 고사 문제만 주야장천 푼다고 해서 향상되는 것은 아니다. 궁극적으로 학업에 대한 역량은 문제 풀이보다는 해당 과목의 교과서 내용을 잘 숙지하고 스스로 질문하고 답을 찾아가는 과정을 통해서 길러진다. 이미 주어진 문제에 대해 이미 주어진 답들 가운데 찾아내는 객관식 문제는 오로지 채점의 편의와 공정성을 확보하기 위한 것일 뿐, 학습 역량을 기르는 것과는 크게 상관 관계가 없다. 마찬가지로 대학의 교양 영어도 영어의 숙달을 목표로 한다면 사지선다 객관적 문제 풀이 보다는 좋은 글을 읽고, 분석하고, 토론하고, 토론의 결과를 자신의 글로 써보는 것보다 현재로서는 더 좋은 방법이 없다.

위와 같은 취지로 충남대 영문학과는 교양 영어 교육 내용을 혁신적으로 변화시키기 위해 2019년부터 노력해왔다. 그러나 2019년에는 주로 타대학의 반발로 인하여 약 6개월에 걸친 회의, 발표, 포럼을 통해 투자했던 모든 수고와 에너지가 수포로 돌아갔다. 놀랍게도 여전히 꽤 많은 사람들은 교양 영어의 목표는 취업을 위한 공인 영어 성적 고득점이라고 말했고, 놀랍게도 수업 방식 역시 문제 풀이를 선호했다. 그러나 2021년 영문과의 노력으로 교양 영어는 대학 영어로 개편되고, 강의 방식도 문제 풀이가 아니라 좋은 글을 읽고 분석하고 토론하고 쓰는 언어 역량 훈련 방식으로 개편된다. 새로운 '대학 영어'는 2022학년도부터 시작된다. 동화, 신문 기사, 짧은 소설, 시, 등을 재료로 하여 학생들이 읽고 쓰게 한 다음, 수업 시간에는 이에 대해 자유 토론을 하고, 토론의 내용을 영어로 쓰는 방식으로 전환된다. 다양한 읽기 자료가 있는 교재를 선택하고, 자료들 중 교강사가 학생들의 수준과 취향에 적절한 읽기 자료를 선택하여 사용한다. 15주 동안 문자 텍스트가 지루하다면, 두어번 정도는 포스터, 그림, 영화, 테드 강연와 같은 비주얼 텍스트를 사용하여 토론을 유도하고, 학생들의 분석력과 글쓰기를 연습시킬 수도 있다. 하지만, 어차피 영어 능력은 복잡한 전문 서적을 읽고 그 내용과 주장을 빨리 파악할 수 있는 능력을 포함하기 때문에 분석과 토론의 대상은 가능한 한 문자 텍스트를 활용하는 것이 좋다.

쓰기 역량을 강화하는 교양 영어

"영어 10년 배우고도 영어 한 마디 못한다"를 한국 영어 교육의 문제점으로 인식을 공유하고 대대적인 영어 교육 혁명이 이루어진지 어언 20여 년, 그 동안 초등학교 3학년 교실에서 영어가 시작되었고, 우후죽순 초등생 영어 학원이 난립했다. 영어 하나 잘하려고 영어권 조기 유학이 붐처럼 일어나고, 교수들의 연구 안식년 영어권 국가 체류는 자녀들 영어 교육을 비공식 명분으로 삼아도 누구도 나서서 차마 틀렸다고 말하지 않는 버젓한 현실이 되어버렸었다.

정확한 원어민 발음과 유창한 영어 회화는 모두가 선망하는 바였고, 그런 선망은 대학의 영어 교육에도 여실히 반영되어, 언제부터인지 영어의 네 가지 기능 중 "말하기"가 대세를 잡았다. 너도나도 영어 회화를 교책 과목(학교마다 여러 이름으로 중요성을 강조)으로 내세우고, 원어민을 경쟁적으로 모셔왔으며, 이를 자랑 삼아 학교 광고에 활용했다. 영어 십 년 배우고도 외국인과 말 한마디 나눌 수 없던 한이 그토록 컸던 까닭이다.

그러나 대세가 항상 옳은 것은 아니다. 특별히 대학 교양 영어에서 영어 회화가 그렇게 많은 비중을 차지할 이유가 없다. 회화가 중요하지 않다는 말이 아니라, 회화만 지상 최대의 관심사가 될 필요는 없다는 뜻이다. 대학 교양 영어의 본래 목적은 대학생으로서 필요한 영어를 교육하고, 취업 후 직장업무에서 필요한 영어 능력을 갖춰주는 것이다. 그렇다면 전문 지식을 공부하는 대학생으로서, 혹은 취업 후 당당한 사회인으로서 필요한 영어 능력이란 무엇인가? 나는 단연코 "쓰기" 능력이라고 말하고 싶다. 우리가 영어 원어민과 교육상 혹은 업무상 만날 기회가 도대체 얼마나 되겠는가? 보고서든 의견이든 자신을 표현하는 방식은 쓰기일 확률이 많다. 결국 대학을 졸업한 지식인으로서 자신의 견해를 영어로 전달하고 교환할 때는 말하기 보다는 쓰기를 통할 확률이 많다는 것이다. 그렇게 중요한데도 대학 영어 교육은 마치 말하기에서 시작하여 말하기로 끝나버리는 듯하다. 말만 잘하면 된다는 듯 작문은 언제나 소수의 학생들만 수강하는 과목일 뿐이다.

문제는 학생들이 작문을 지독히도 어려워하고 그래서 싫어한다는 사실이다. 우리말 글쓰기도 누구에게나 고통스러운 일인데 하물며 영어 쓰기야 이루 말할 나위 없이 어려움은 이해하고도 남는다. 그래도 해야 한다. 학문의 궁극적인 성과가 논문 쓰기를 통해 축적되는 것처럼, 쓰기는 모든 지적 활동의 성과를 표현하는 유일한 방식임에 틀림없기 때문이다. 우리 학문의 성과는 결국 영어 쓰기를 통해 세계 무대에서 평가받을 수밖에 없기 때문이다.

그리하여 학문의 세계적인 발전을 위해서든 취업생들의 성공을 위해서든 영어 쓰기의 기본은 교양 영어에서 잡아줘야 한다. 학부생들의 기초 영어 작문에서 시작하여 공대 대학원생들의 영어 논문 쓰기까지 다양한 프로그램을 제공해 주어야 한다. 그리고 이를 필수로 지정할 필요도 있다. 자발적인 수강을 유도하기엔 작문 자체의 부담이 실제로 너무나 크기 때문이다.

최근 어떤 분이 지적했듯이 회화는 작문이 되면 저절로 된다. 영어 십 년 배워도 말 한마디 할 수 없었던 이유는 실상 문법을 위한 문법, 시험 문제 풀이를 위한 문법만 강조하는 영어 교육이었기 때문이었다. 회화를 못하는 이유는 정작 작문이 안되었기 때문이고, 작문이 안되는 이유는 오히려 기초 문법이 제대로 되지 않았기 때문이다. 문법만 죽도록 공부하고도 실상 잘 말하고 잘 쓰기 위한 문법은 전혀 모르는 경우가 허다했기 때문이다.

그리하여 작문을 잘 하려면 기초 문법 교육이 함께 병행되어야 하고, 좋은 글 읽기도 함께 병행되어야 한다. 잘 쓰기 위한 다독과 정독은 기본이니까. 결국 작문 교육은 통합적인 영어 교육이 되는 셈이다.

지금까지 말하기가 영어 교육의 최종 단계로 인식되고, 작문은 소수의 잘하는 학생들만 선택하는 단계였다. 그러나 이제는 작문을 최종 단계로 인식하고 이를 강화해야 할 필요가 있다고 믿는다. 한쪽으로 기울어진 배를 반듯하게 세울 필요가 있다.

충남대학교의 경우 2022학년도부터 대학 영어 1,2로 나눠 수준별로 교육할 예정인데, 대학 영어1의 교육목표는 영어 문장 수준의 글쓰기다. 즉 대학 영어1을 수강하면 영어로 문장을 만들 수 있는 영어 실력을 목표로 한다. 문장 수준의 영어를 쓰려면 기초 문법 실력을 다듬고, 다양한 영어글을 읽어야 가능하다. 대학 영어2의 목표는 단락 수준의 영어를 쓸 수 있는 실력이다. 단락 수준의 영어를 쓰려면 대학 영어1에서 다졌던 기초 문법과 문형뿐만 아니라, 단락 글쓰기, 즉 주제를 정하고 그 주제를 전개시키는 훈련까지도 필요로 한다. 단락을 안정적으로 쓸 수 있으면, 단락 쓰기를 기초로 하여 에쎄이와 논문 쓰기까지 가능해질 것이다.

원어민 강사의 필요성

2008년을 전후하여 이명박 정부가 영어 교육을 강조하는 바람에 지나치다 싶을 정도로 영어 광풍이 불기도 했지만, 이때는 원어민들이 대거 영어 교육에 투입되던 시기여서 투입된 만큼 전반적으로 영어 실력이 향상된 시기이기도 하다. 그러다가 2010년대 후반에는 많은 원어민 강사들이 한국을 떠나기 시작했다. 2~3년 전쯤 한국을 떠난 한 외국인 강사는 한국의 미세 먼지 때문에 떠난다고 내게 말했긴 했지만, 원어민 강사에 대한 처우가 열악해진 탓이 더 컸음은 쉽게 추측 가능했다. 이래저래 원어민 강사들의 수는 줄어들었고 열악해진 처우 탓에 능력 있는 강사를 초빙하는 것도 힘들어졌다.

영어 교육의 고급 단계에서 원어민의 투입은 매우 중요하다. 특히 소위 아웃풋(output) 영역인 말하기와 쓰기 영역에서 원어민의 역할은 상당히 클 수밖에 없다. 대학의 교양 영어에서도 원어민과 한국인 교강사의 코티칭 시스템이 필요하다. 현재 한국인 강사 따로, 외국인 강사는 강사대로 제각각 교양 영어를 담당하고 있지만, 한 강좌를 외국인 강사와 한국인 강사가 연계해서 강의하는 방식을 고민할 필요도 있다.

앞서 말했듯이 충남대의 경우 2022년부터 기초 단계인 대학 영어1과 좀 더 고급단계인 대학 영어2로 구분되어 교양 영어가 교육된다. 단락 수준의 글쓰기를 목표로 하는 고급단계에서는 학생들이 원어민 강사들에게 최대한 많이 노출될 수 있도록 기회를 주어야 한다. 대학 영어1은 한국인 강사들이 강의할 때 오히려 효과적일 수 있지만, 대학 영어2와 같은 고급 단계에서는 단순히 기계적으로 문법에 맞은 영어가 아니라 보다 영어스러운 영어를 구사할 수 있는 능력이 요구되는 바, 원어민 투입이 바람직하다. 그러나 대학 영어2를 모두 원어민이 강의하는 것은 그럴 만한 경제적 여력도 없고 전적으로 바람직하지도 않다. 한 강좌를 한국인 강사와 원어민 강사가 나눠 가르치는 것이 어렵다면 한국인 강사가 가르치는 대학 영어2와 원어민 강사가 가르치는 대학 영어2를 골고루 배치하고 학생들의 필요에 따라 선택할 수 있는 편이 좋겠다. 그러려면 외국인 강사를 더 많이 채용해야 하고, 그들에 대한 처우도 지금보다는 조금 더 인간적이어야 할 것이다.

더불어 한국인 강사와 외국인 강사 사이 유기적인 의견 교환이 가능하도록 영어영문학과가 적극적으로 코디네이팅을 해줄 필요도 절실하다. 충남대 영어영문학과는 매학기기 시작하기 전에 교양 영어 교강사 세미나를 개최한다. 현재 교강사 세미나는 한국인 강사들만 참여하지만 원어민 강사들도 함께 참여하여 교양 영어 강의가 다양한 가운데 통일성과 일관성을 유지하고 서로 상호 협력하는 교육이 될 수 있도록 해야 한다. 다양한 비주얼 자료와 능숙한 컴퓨터 기술을 탁월하고 효율적으로 활용하는 유능한 한국인 강사들과 원어민 강사들이 서로 협력한다면 새롭게 변경되는 '대학 영어'가 영어 텍스트를 읽고 분석하고 쓰는 역량을 제대로 훈련하는 멋진 강의 혁신을 이뤄낼 수 있을 것이다.

에필로그

누구도 인문학이 중요하지 않다고 말하지는 않는다. 철학자 이태수의 말대로 인문학은 기원과 의미에 대한 관심이기 때문이다. 인생의 어느 시점에서 누구나 기원과 의미를 질문하지 않을 수 없으니 중요하긴 중요하다. 다만 존재의 기원과 의미에 대해 질문하는 공부가 먹고 살아야 하는 생업을 위한 기술과는 무관해보이긴 한다. 대학의 전공은 역시나 생업과 직결될 수밖에 없으니 기원과 의미에 대한 궁극적 질문을 던지는 인문학은 여기저기 열풍이되 생업을 보장해야 하는 대학 전공으로서 인문학은 정녕 냉풍이 휘몰아치는 중이다.

인문학의 냉풍이 영문학 전공에도 휘몰아친 지 수년 되었다. 당장 휘몰아친 냉풍 앞에서 왜 사람들이 존재의 의미에 관심을 두지 않느냐고, 왜 궁극적 질문을 던지지 않느냐고 탓할 수는 없다. 그 질문은 여전히 지속되고 있다. 다만 전공으로 선택되지 않을 뿐이다. 나는 이 책에서 도저히 막을 수 없는 냉풍을 부정하지 않으려 했다. 오히려 냉풍에 오들오들 떨지 않게 만들어줄 따뜻한 옷을 마련하고자 했다. 냉풍을 견딜 따뜻한 옷으로써 이른바 포스트-영문학을 제안했다. 즉 영문학과가 텍스트 역량을 훈련하는 학과로 전환될 것을 제안했다. 인문학에 속하는 영문학이 다른 분과 학문들--과학, 철학, 의학, 심지어 역사와 철학까지도 포함--과 구분되어 고유하게 훈련할 수 있는 역량이 있다면 그것은 텍스트를 분석하는 역량, 분석에 기초하여 텍스트를 생산하는 역량이라고 주장했다. 지금은 소설이나 시 뿐만 아니라 문자, 이메일, 뉴스, 광고, 드라마, 영화, 등등 모든 것이 해석을 필요로 하는 텍스트다. 따라서 가장 밀도 높은 텍스트인 문학을 통해 분석 역량을 훈련함으로써 다른 텍스트를 이해하고 분석할 수 있는 능력까지도 함께 훈련하는 것이다. 이런 스킬이야말로 냉풍에 견디는 따뜻한 옷이 될 수 있으리라.

뿐만 아니라 영미 문학을 포함하는 인문학에 휘몰아치는 냉풍을 견디는 또 다른 방법으로써 나는 융복합적 포스트-인문학을 제안했다. 인문학은 인간을 탐구하는 학문인데 인간의 개념은 인문학뿐만 아니라 과학, 공학, 의학적 분야의 놀라운 성과에 의해 함께 급진적으로 변화하고 있으니 인간을 이해하려면 융복합적 포스트-인문학이 필수다. 게다가 기후 변화라는 급박한 환경 위기는 인간과 자연과 세계에 대한 새로운 존재론과 인식론을 요청하고 있다. 막연하게 인간과 비인간, 유기체와 무기체 모두가 상호 의존하고 공생하는 존재임은 인문학의 이미 오래된 직관이다. 하지만 인문학은 분과 학문을 넘어 과학과 의학과 공학과의 협업을 통해 융복합적인 포스트-인문학이라는 미래적 학문이 상호의존과 공생적 존재론과 인식론을 단순히 직관적으로가 아니라 이번엔 물질적으로 증명해내고 있다. 오래된 인문학이 휘몰아치는 냉풍을 견디려면 스스로 새로운 융복합 포스트-인문학을 모색하고 스스로 변모하면서 미래를 열어야 한다고 나는 주장했다.

자끄 데리다는 콜롬비아대학 연설에서 이렇게 말한다.

> 우리가 우리라고 말할 수 있다면 우리는 이렇게 물어야 한다. 우리는 지금 어디에 있는가? 우리가 있는 대학, 그 대학에 있는 우리는 누구인가? 우리는 무엇을 대표하는가? 우리는 누구를 대표하는가? 우리 자신이 책임이 있는가? 무엇에 책임이 있고, 누구에게 책임이 있는가? 대학의 책임이라는 것이 있다면, 그것은 적어도 이런 질문을 듣고, 질문을 스스로 던져보고, 답변하는 순간과 함께 시작해야 한다. 질문에 응답하는 것이 책임을 다하는 최소한의 요건이고, 시작의 형태여야 한다. (Scholes 44, 재인용)

지금 우리도 데리다처럼 그런 질문을 던져야 한다. 대학은 어떤 책임을 가지고 있고, 대학에 있는 교수로서 나는 또 어떤 책임을 져야 하는가 질문을 던져야 한다. 대학 인문학의 냉풍 앞에서 질문을 던지고 그 질문에 응답해야 할 책임이 있다. 이 책은 그런 질문에 대한 응답이었다.

스콜즈는 영문학 연구에서 요구되는 **최소한의 진리**란 "성실하고 정확한 인용, 주제에 대한 선행 연구를 존중하는 것, 엄격하게 자료의 위치를 설정하고 질문하기"(57)라고 말한다. 그러나 이런 것도 필수적이지만 실은 이보다 **더 큰 진리**가 있다고 말한다. 스콜즈는 강의와 연구의 첫 번째 프로토콜은 **진리에 대한 사랑**이라고 말한다. 강의와 연구는 궁극적으로 진리를 추구하는 것이라고 말한다. '진리'라는 말이 너무나 낯선 말이 되어버렸지만 그래도 공부는 진리를 찾아가는 여정임에 틀림없다. 우리 신념이 어디에 근거하고 있든지 그 근거를 쉼 없이 엄격하게 성찰해야 하고 근거가 틀렸다고 판단하면 언제든지 수정할 수 있어야 한다. 진리 사랑과 추구는 일종의 마음의 습관이다. 이런 마음의 습관은 말로만 하는 것이 아니라 학자로서 선생으로서 하는 모든 일에서 실천되어야 한다. 물론 내 자신에게 하는 말이다. 이것은 나 자신에게 진실하고, 내가 어떤 이득에 봉사하고 있는 가에 진실해야 하며, 내가 궁극적으로 무엇을 성취하려고 하는가에 대해서도 진실해야 한다. 이는 위선을 멈추는 일이다. 자기 기만을 멈추는 일이다.

"인간은 자신의 역사를 써나가지만, 자신이 선택한 상황에서 자유롭게 써나가는 게 아니라 이미 주어져 있고 예로부터 전해져온 상황 아래서 쓸 따름이다." 이는 칼 마르크스가 한 말이다. 사람이 제아무리 진실하려고 해도, 제아무리 위선을 멈추려 해도, 제아무리 자기 기만을 멈추려 해도 모든 기획은 제도의 틀 안에서 이뤄진다는 말이다. 거짓과 위선과 자기기만이 제도 안에서 이뤄지는 결정임엔 재론의 여지가 없을 터이나 이로부터 빠져나와 진실을 찾으려는 노력조차 실은 제도의 틀 안에서 일어난다는 말은 다소 충격적이지만 그 또한 진실일 것이다.

어쩔 수 없다. 먼 훗날 우리의 진실이 부분적 진실이거나 아예 거짓에 불과했음이 밝혀진다 해도 지금 여기 바로 이 순간 가장 진실한 것을 찾으려는 노력은 멈추지 않는다.

참고 문헌

김명주.「문학의 위기와 노드롭 프라이의 문학적 상상력의 옹호」『영어영문학』 45.2 (1999): 295-309.

김용준.『사람의 과학』 서울: 통나무, 1994.

다사카 히로시.『수퍼제너럴리스트: 지성을 연마하다』. 파주: 문학동네, 2016.

맥마이클, 필립.『거대한 역설: 왜 개발할수록 불평등해지는가』. 조효제 역. 서울: 교양인, 2013.

이태수.「왜 인문학인가」『궁극의 인문학』 전병근 편저. 서울: 메디치미디어, 2015. 14-47.

커즈와일, 레일.『특이점이 온다』. 파주: 김영사, 2007.

하라리, 유발『호모데우스』 김명주 옮김. 서울: 김영사, 2017.

Abrams, M.H. "The Transformation of English Studies: 1930-1995," Daedalus (Winter 1997): 105-131.

Braidotti, Rosi. "A Theoretical Framework for the Critical Posthumanities." *Theory, Culture & Society* 36.6(2019): 31-61.

----------. *The Posthuman.* Malden, MA: Polity Press, 2013.

Fish, Stanley. *Political Correctness: Literary Studies and Political Change*. Cambridge: Harvard UP, 1995.

Goodheart, Eugene. *Does Literary Studies Have a Future?* Madison: U of Wisconsin P, 1999.

Kolbert, Elizabeth. *The Sixth Extinction: An Unnatural History*. New York: Picador, 2014.

Lykke, Nina. "Passionately Posthuman: From Feminist Disidentification to Postdisciplinary Posthumanities," *A Feminist Companion to the Posthumanities*. Eds. C. Åsberg & R. Braidotti. Cham, Switzerland: Springer, 2018. 23-33.

Ohmann, Richard. *English in America: A Radical View of the Profession*. New York: Oxford UP, 1976.

Phelps, William Lyon. *Autobiography with Letters*. New York: Oxford UP, 1939.

Scholes, Robert. *The Rise and Fall of English: Reconstructing English as a Discipline*. New Haven: Yale UP, 1998.

김명주

현재 충남대학교 영어영문학과 교수
충남대학교 영어영문학과 학부 졸
미국 웨스턴미시건대학 영문학 석사
미국 뉴멕시코 주립대학 영문학 박사

저서
『여성의 性이 聖스러웠을 때』(2018)

역서
『페미니즘 이론과 비평 - 이론을 통해 현대 여성
소설 비평하기』(2020)
『다시 태어나는 여신』(2020) 외 다수

논문
「동물되기, 풍경되기: 마가렛 앳우드의 『서피싱』」(2016)
「뱀, 그 혐오와 매혹: 존 스타인벡의 단편 「뱀」 다시 읽기」(2017) 외 다수

포스트-영문학
오래된 미래의 길을 찾아

초판 1쇄 발행 _ 2022년 2월 28일

저　자 · 김 명 주
발행인 · 정 현 걸
발　행 · 신 아 사
인　쇄 · 대명프린팅
주　소 · 서울특별시 은평구 통일로 59길 4 (2층)
전　화 · (02) 382-6411 팩스 · (02) 382-6401
홈페이지 · www.shinasa.co.kr
E-mail · shinasa@daum.net
출판등록 · 1956년 1월 5일 (제 9-52호)

ISBN : 979-11-91158-72-4 (93840)

정가 14,000원